人物叢書

新装版

# 御木本幸吉

みきもとこうきち

大林日出雄

日本歴史学会編集

吉川弘文館

御木本幸吉銅像　（三重県、御木本真珠島）

御木本幸吉筆蹟（御木本真珠島記念館展示）
九十三歳の御木本幸吉が書いた智運命の三字

自由の鐘

一二五〇個の真珠と三六六個のダイヤを使って作られた、高さ三六・五センチメートル。一九三九年のニューヨーク世界博覧会に御木本が出品したもので、現在御木本真珠島の記念館に展示されている。

# はしがき

御木本幸吉については、これまで数冊の伝記が出版されており、さらに彼の業績は義務教育での教科書にさえ記述され、そのほとんどが、彼を〝真珠王〟とよび、世界ではじめて真珠の養殖法を発明した人物と評価している。ところでこれらの伝記のうち、もっとも代表的なものとされているのは、乙竹岩造氏の筆になったものであり、その他のほとんどは、この乙竹氏のものを基準にしているのである。

そこでまず、筆者が問題として考えてみたいのは、この伝記の著者である乙竹氏が御木本幸吉の女婿であり、しかも戦前から文部省視学官、さらに東京文理科大学（現東京教育大学）教授となり、いわゆる乙竹教育理論を打ちたてて、教育の現場にも大きな影響を与えられた人物であること、そしてさらに重要なことは、この伝記が義父である幸吉の生存中に出版されているということである。

たしかに近親者の手による場合、直接的な資料が豊富であるため実証性を持ち、それだけ正確な伝記が書けるという点もあろう。しかし反面、その伝記中の人物が生存中であり、しかもその存在が偉大であればあるだけ、はじめから一つの枠が設定されて、その中でしか人物の評価ができないのではないだろうか。

いみじくも幸吉の長男である御木本隆三氏は、このことをその著『御木本幸吉』の中で「真珠で有名になった父幸吉を偉い人と思っている姉どもやその子たち、周囲の人々に悪いような気がして何事にも遠慮がちで筆がすすまぬ。――それほど幸吉の存在は私の家庭に大きいものがあった。」と、また「クサイものにはフタをしてやりたい気になる」とさえ書いている。さすがイギリスに留学して社会改良思想家ジョン＝ラスキンに傾倒し、そのため一時、父幸吉の勘気にふれたこともあるという自由人、隆三氏の偽らぬ言葉である。

そこで筆者は、乙竹氏のものなどを幸吉の資料の一つとしては使用したが、彼の生涯をもう一度できるだけ客観的な立場で、他の側面からの資料を使って、ながめ直してみた。そしてその結論を、発明家としての幸吉でなく、まずすでに研究・実験の段階で実証されていた半円真珠の養殖法を、はじめて事業化した人物（真円真珠の発明家は別に居る）、さらにそれを基盤にして、日本の絶対主義時代を鮮かに遊泳した特権商人、しかも日本の養殖真珠をミキモト＝パールの名で、世界中に売りに売った偉大な商人と評価した。いくたの批判はあるであろうが、筆者は筆者なりに、この結論を、すくなくとも従来の伝記に欠けた部分を埋めたものと信じている。

最後にこの書を公けにするについては、多くの人の温かい助言や援助のあったことはもちろんであり、心から厚くお礼を申し上げたいが、ここではいちいちそのお名前を挙げることを省略させていただくことにする。

ただ十年ほどまえ、筆者が、この問題に執りつかれて歩きはじめた時、とくに真珠養殖に関する知識の皆無に等しかった筆者を、手をとるように指導して下った磯和楠吉・小林万作・小川多門の三氏については、とくにお名前を挙げてお礼を申し上げたい。しかし残念なことに三氏とも、この間にすでに故人になられたことは、筆者のもっとも胸の痛むことである。ここに三氏の霊にこの書を捧げる思いで筆をおくことにする。

昭和四十五年十二月十日

大林日出雄

# 目次

## 口絵



## 挿図

# 第一　幼少年時代

## 一　祖父と父

幸吉誕生

御木本幸吉は安政五年(一八五八)一月二十五日、父音吉・母もとの長男として、古くから風待港として全国的に有名であった志摩国鳥羽浦(三重県鳥羽市)の大里町で生まれ、幼名を吉松と名付けられた。

父音吉は当時二十七歳で、阿波幸という屋号で数代つづいたウドンの製造と販売の家業を継いでいた。また母もとは同じ鳥羽に住む中井半兵衛の次女で、吉松誕生の前年、安政四年二月に十八歳で音吉に嫁いできたが、のちにのべるように九人の子供を育てながら、家業よりも機械器具の発明・改良に熱心であった夫につかえて、家業と家計のきりもりに苦労した人である。しかし音吉は、長男幸吉が結婚してやっと一人前になった翌々年の明治十六年(一八八三)に五十四歳で亡くなったのに対して、母もとは、すでに幸吉

## 幼名吉松

御木本幸吉生誕地（三重県鳥羽市鳥羽２丁目）

が真珠養殖の発明家としても、真珠商人としても世界的に名をなしたのを、その目で見てから大正六年（一九一七）に、八十二歳の高齢で亡くなっているから、若い日の労苦は報われて十分であったということができる。

幸吉は幼名を吉松と称したが、それは当時まだ健在であった祖父吉蔵の吉の一字と、松のように末長く栄えるようにと名付けられたものである。

さて、この吉松がのちに世界の人々から真珠王とよばれ、自らもそう信じた御木本幸吉であるが、のちに明らかにするように、彼の発明ということに対する異常なまでに強い関心と、徹底した商人としての根性は、ひとつには彼の育った家庭の中から生まれたものである。

### 商人の祖父と発明家としての父

彼の両親は子宝にめぐまれ、吉松を長男として、つぎつぎに、男八人（但し内二人は幼少のころ死亡）・女三人が生まれた。このため吉松は慶応三年（一八六七）に祖父吉蔵が亡くなる九歳まで、商売にいそがしい両親よりも、おもに祖父の手によって育てられた。

ところで、この祖父吉蔵は「うしろに眼のあるような男」といわれたほどの機敏な商法を駆使して、数代つづいた家業のウドンの製造販売だけでなく、鳥羽港という古くからの良港を利用して、大伝馬船一〇艘と五棟の蔵を持ち、海上輸送をはじめ青物・薪炭の販売も手広く営み、鳥羽藩主稲垣家の御用達を命ぜられるようになったほどの商人である。

慶応三年、八十六歳で亡くなったこの祖父が、ほとんど自分の手で育てた初孫である吉松に、昔話の好きな老人として、自分の経験をもとに商人としての処世術を、かんでふくめるように話して聞かせたであろうことは十分に想像できる。

ところが吉松の父音吉は、幕末から明治にかけての大きな変動を乗りきることができず、吉蔵の残した五棟の蔵も手離しているところから見ても、商人としては吉蔵ほどの才覚を持った人物ではなかった。しかしその反面、機械器具の発明・改良ということには強い関心と才能を持ち、重労働を必要とする粉挽き石臼の改良の研究を続け、明治九年（一八七六）に新しい粉挽機を発明し、明治十四年には、業界に便宜を与えたということで三重県庁から表彰をうけ、賞金一〇〇円を授与されている。

吉松（幸吉）の発明に対する異常なまでに強い関心は、この父音吉の素質を受けついだものであろう。しかも父の発明・改良の研究が幼いころに聞かされた華やかな祖父の時代からみれば、相当に苦しい生活の中でなされたものだけに、多感な青年期の吉松にとって強い刺激になったであろう。

このように「うしろに眼のあるような」機敏な商人であった祖父の血と、発明改良家としての父の血を併せて受けた吉松に、もうひとつの大きな影響を与えたものは、彼の育った鳥羽の風土であった。

## 二　幸吉の生まれ育った港町鳥羽



まず鳥羽は伊勢湾ののどくびに位置しているところから、近世初期には軍港として重要な地位を占めていた。たとえば十六世紀の半ばに志摩国一円を平定した九鬼嘉隆は鳥羽を居城として信長に従い、天正二年（一五七四）の信長による伊勢長島の一向一揆の平定、およびその二年後の大坂石山本願寺攻略には水軍の将として従軍した。ことに石山本願寺攻略には、嘉隆は大砲をのせた鉄製の軍艦をくり出し、堺にいたヨーロッパ人をおどろかしたという。さらに嘉隆は秀吉が朝鮮を攻めた文禄の役には、有名な日本丸（伊勢大湊で造船し『志州鳥羽船寸法』によれば、長さ約八三尺、幅三一・三尺、深さ一〇尺という大船）を率いて従軍しているが、これらはすべて鳥羽港を根拠地として出航したものである。

またその軍港的性格は、嘉隆によりはじめられ、その子守隆により完成された鳥羽城の構造にもよくあらわれている。この構造は現在では古図によってしか知ることができないが、その大手門（表門）は海に向かって開き、陸を背にして築城されているという水軍の将の居城にふさわしいものであった。

もともと鳥羽の港は深い沈降海岸の前面に坂手島・答志島・菅島・神島などがあり、これらが天然の防波堤となって、風待港として適切な性格をもっていた。ところが江戸時代になり流通経済が発達し、物資の海上輸送がさかんになると、遠州灘と熊野灘のふ

明治40年頃の鳥羽港（風待ち港として適当な地形を見られたい）

りわけ点にあるこの港は、江戸と大坂を航行する回船の避難・停泊・薪水補給のための港としても発達し、この時代につくられた全国の港の番付をみると、下関と肩をならべて関脇格となっている。

時には港いっぱいに荷をつんだ大型船がいく日もならんだことであろう。そしてこれらの船舶は戸数三〇〇ほどの狭い鳥羽の町に、江戸や大坂はもちろん海外の新しい知識さえも持ちこんだ。幸吉の祖父吉蔵が積極的な商法で一代で産をなしたのも、これらの新しい空気を的確に握った結果であろう。

しかも幕末になると、いわゆる黒船さわぎがおこり、鳥羽は伊勢神宮に近いということもあって湾内の島々に砲台を築いて、その警備にあたった。ここに鳥羽の人々もいやが応でも外国に対する新しい知識を持たざるを得なくなった。

明治維新後、航海学・測量学者としてわが国の海軍創設の上で大きな功績を残した近藤真琴（まこと）、また自由民権の運動が起こるや板垣退助の傘下（さんか）に走り、河野広中などと愛国社を組織し板垣の腰巾着とまでよばれた栗原亮一も、また福沢諭吉に見いだされて慶応義塾の基礎を作り、さらに実業人としても千代田生命火災の初代社長となった門野幾之進（いくのしん）も鳥羽藩出身である。わずか三万石という小藩で、しかも維新時には賊軍として冷遇された鳥羽藩から、明治初年にこれほどのいわゆる進取の人物が出ているのは、やはり鳥羽という港町の環境のしからしめたところであろう。

## 三　商人を夢みる

新しい空気の中で商人を夢みる

幸吉の生まれ育った鳥羽は、平地のすくない戸数わずか三〇〇ほどの小さな町であったが、このように新しい空気がみちた土地でもあった。彼の人生に対する強引なまでの進取の気性は、このような環境から学び取られたものであろう。ただ彼は近藤はじめ前記の人々のように、当時の知識階級であった士族出身ではなかった。それゆえ学問や政治の世界で身を立てることはできなかった。しかしその代り彼には士族のように、形式や面目にこだわる必要のない商人の子としての血が流れていた。

維新の変革の中で、特権を奪われた士族たちの中から、前記のごとく一部の人物は知識人として、積極的に新しい社会に進出して行った者もあったが、その大半はいわゆる失業者として世の中になげ出されることとなった。少年吉松が読み・書き・ソロバンを教えられた栗原勇蔵（亮一の父）も、また洋算の初歩を教えられた岩佐孝四郎も失業士族であり、ことに岩佐のごときはその日の生活にも困るほどであったといわれている。

この旧特権階級の形式や面目にこだわりながらも、苦しい生活を送らねばならない姿にひきかえ、古くから経済的な実力を持った商人や地主の生活は、政治的変革による影響をほとんど受けていない。この対象的な姿を見た商人の子吉松は、新しい空気の中で自分の将来への希望と目標を見いだすのである。乙竹岩造著『伝記御木本幸吉』によると、十二－三歳ころの彼の言葉として、「およそ仕事をするには標準が無ければならないが、私も金持になるについては、当時鳥羽第一番の金満家が広野藤右衛門、第二番が阿部平吉であるが、この二人を乗越すことは難しいとしても、一生涯中には、せめて鳥羽で第三番の金持になってみたいと期待した」とあるが、当時、父の病気で経営不振であったウドン屋を手伝っていた少年吉松が、なにか他に大きな利潤を獲得できる商売を見いだして、小商人から脱皮しようと考えた目標として面白い。

さて、そこでこの目標を具体化する第一歩をふみだすことになるが、明治四年（一八七一）十三歳のとき、彼は当時、一杯八厘のウドン屋だけでは先が見えている、もっと積極的に収入を得ようと考えた。しかし病身とはいえ父が経営するウドン屋をすてて、長男であり、しかもまだ十三歳であった彼が独立して新しい商売をおこすことは不可能である。

## 青物の行商と足芸

そこで彼は家業を手伝うかたわら、青物の行商をはじめることにした。青物行商は、仕入れの必要から未明のうちに起きて家を出なければならなかった。家業のウドン製造のための粉挽きは相当な重労働であり、しかもウドン販売は夜のおそい稼業（かぎょう）であるから、毎日の睡眠は四時間ほどであったといわれている。十三歳の少年にとっては決して楽な商売ではなかった。

こうして行商をつづけるうち、明治八年（一八七五）彼が十七歳のある日、イギリスの軍艦が鳥羽に入港した。鳥羽の商人たちはそれぞれの商品を小舟に積んで、売り込みのため軍艦の周囲に集まった。しかし軍艦ではこれを相手にしないので、大半の商人はあきらめて引き上げてしまった。吉松もこの時、青物や鶏卵を仕入れて、これらの商人と行動をともにしていた。しかしこのまま引き上げたのでは商品が生物であるだけに元も子もなくなる虞れがある。そこで彼はそのまま居残って、なんとか水兵たちの関心を引くとともに商品を売りさばくことを考え、やにわに狭い小舟の中でふだんから得意としていた足芸をやって見せた。甲板からこれをながめていた水兵たちは、長い航海に退屈しきっていた時でもあり、面白がってついに士官から甲板によびあげられ、彼らの前でいろいろなものを使って足芸をやって見せた。その結果、彼らは吉松の商品を全部買い入れてくれるとともに、引きつづき軍艦への出入を許可さえしてくれた。芸が身をたすけたわけである。

### 幸吉の演出

彼は幼少のころから芸能についても一種の才能を持っていた。彼が十一歳の時、鳥羽の氏神賀多神社祭礼奉納の能狂言があったが、彼がその子役を演じることとなった。このとき京都から来た狂言師野村又三郎について彼は熱心に練習した結果、その芸熱心と上達振りを激賞されるとともに、短期間の練習には珍しく、野村から免許さえ与えられたという。足芸もこのころから熱中したもので、この足芸はのちに彼が真珠王といわれるようになっても、喜んで人に見せ、自らもそれを楽しんだようで、その写真が現在でも御木本真珠島（俗にパール＝アイランドとよばれ、鳥羽市にあり、観光施設となっている）の記念館に掲示されている。

得意の足芸を演じて見せる晩年の幸吉
（御木本真珠島記念館展示）

ところで、彼が商品を売りさばくために水兵たちの前で足芸を見せたことについて、人はその心境を卑屈なものと見るかも知れない。しかし彼の一生を見ると、のちにのべるように、この種の演出は数多く存在するのである。彼は商売のためなら、時に応じてどんな演出をしても、決して恥ずかしくないという信念を持っていた。ここに商人としての彼の根性があったのだ。そしてこの根性を思う存分発揮したところに、彼の偉大さがあったのである。

# 第二　青年時代

## 一　幸吉と改名して新しい人生へ

米商人となる

彼の青物行商は、そののちもつづけられたが、青年期に入ってますます商人としての自覚と自信ができてくると、労働のわりには利潤の薄い青物行商では満足できなくなり、明治九年（一八七六）十八歳のとき、これを廃業することにした。

そこで彼が計画したのは米穀商であった。彼が米穀商を志した年が明治九年であるということには、大きな意味があったと考えられる。明治六年に政府は、従来の納税の方法を改め、収穫を対象とせず米納から金納にして財政収入に計画性を持たせるため、地租改正条例を公布し、直ちに改正事業に着手した。三重県でも六年より準備がなされ、八年には大体の準備が完了、九年よりいよいよ実施されることとなった（この地租改正に反対して、いわゆる伊勢暴動とよばれる一揆が三重県を中心におきたのは明治九年の暮である）。

ところでこの地租改正に際して、機敏な商才を持った青年期の彼は何を見てとったであろうか。納税の方法が米納から金納にかわれば農民は地租納入のために、収穫時に米を一時に安値でも売らねばならない。すなわち米は従来より一層商品としての意味を持つわけである。

まず彼の米穀商は、自ら一斗四升入りの臼で一日三臼ずつ米を搗(つ)き、いわゆる升売(ますうり)という零細な小売商からはじまった。このことは、当時ウドンの製造販売という小商人にあまんじていた彼の父音吉が、息子から米を扱う決意を聞かされたとき「わずかの資本で米屋をはじめるには、自ら米を搗く位の覚悟が必要だ。その覚悟があれば始めてもよかろう」(御木本隆三著『御木本幸吉』)との忠告に従ったためである。父の家業を手伝い、しかも自ら米を搗きながらの米穀商である。しかし努力のすえ、やがて俵で売ることができるほどになったが、それでもなお小売商人にすぎない。

当時の彼には、米の買占めや投機的商法をするほどの資本もない。しかも鳥羽の属する志摩地方は、もともと米作農村の少ない海の国である。この地理的条件からみても彼の米穀商が小売商からぬけきれない理由がわかる。

幸吉と改名

この決定的条件を見ぬいた吉松、しかも彼の体の中にみなぎる祖父からたたきこまれた商人としての根性が、彼を単なる小売商人で満足させるはずはない。明治十一年(一八七八)病身であった父音吉は、二十歳になった吉松に家督をつがせて隠居することとなった。そこで彼はこれを機会に、それまでの幼名吉松を、屋号であった阿波幸の幸の一字をとって幸吉と改名し、年来の大商人となる夢を実現させようと決意した。そしてその具体的な行動は、のちの彼の生涯に大きな影響を与えた東京見学への旅立ちである。

もともと進取的・行動的な彼は、港に出入りする船が持ってくる新しい知識、鳥羽の町をすてて飛び出して行った青年たちの噂から、新しい都―東京への関心を強めていた。ところが、この彼の東京への関心を一層強烈なものとした事件が、ちょうどこの前年、狭い鳥羽の町におこった。それは明治天皇の突然の行幸である。

## 二　天皇行幸と東京見学で目を開く

明治天皇の行幸

明治十年(一八七七)一月、明治天皇は神武天皇陵親拝および孝明天皇式年祭のために横浜港より軍艦四隻で、神戸港を経て大和に行幸の予定で出航された。ところが出航の翌二十五日暴風雨に会い、俄かに鳥羽港に避難、さらに二十六日には太政大臣三条実美・参議伊藤博文・侍従長東久世通禧など、いわゆる高位高官を従えて鳥羽に上陸された。なにしろこの行幸は予定外のことでもあり、三重県庁をはじめ鳥羽町民にとっては大事件であった。その模様は『御巡幸紀要』（三重県刊）にくわしいが、わずか三メートル弱の幅しかない町の中の道を太政大臣をはじめ高位高官・軍人その他の供奉官を従えた軍服の天皇は、徒歩で急に準備した行在所、常安寺にはいり宿泊された。ところでこの常安寺は幸吉の住んでいた大里町にあり、またこの町の井戸が天皇のいわゆる御膳水に使われたという。

### 東京への旅立ち

多感な十九歳の青年幸吉が、このきらびやかさを直接目にした時、なにを感じ取ったかくわしくはわからないが、これこそ新しい日本の空気であり、その中心が東京であると強い関心をしめしたであろうことは、この行幸の翌十一年に東京・横浜見学への旅行を強行していることから想像できる。

しかしいかほど東京への関心を強くしたとはいえ、彼の場合、家督をゆずられた長男であり、簡単に鳥羽の町をすてることは許されなかった。そこでせめて、しばらくの間でも東京の空気をじかに吸い、その目と皮膚で直接に経験してみようと決心した。ところが、ちょうど十一年の三月、同じ町の森岡利右衛門という人が東京に行くことを伝え聞いたので、同行を依頼し、さらに父音吉にその希望を申し出て許可されると早速、同月二十六日には二人で鳥羽の町を出発した。この時の幸吉の旅費は父から与えられた一五円と、自ら貯えた二〇円を加えた三五円であった。

幸吉はこの旅行の一部始終を『万帳』という日記に書き残しており、乙竹岩造著『伝記御木本幸吉』はこれを抜粋して掲げている。それによると二人は名古屋・浜松・静岡を経て一〇日目には東京に着き、芝今井町にあった伊勢松阪出身者の経営する和泉屋旅館に宿をとっているが、幸吉は東京の街をはじめ、さらに横浜・横須賀まで足をのばして見学している。

海産物に目をひらく

ところでこの旅行で彼のこれからの人生に大きな影響を与えたことが二つある。その一つは当時の貿易の中心地である横浜と横須賀の見学である。これらの地では、外国人を相手にさかんに商売が行なわれていたが、とくに中国商人がイリコ(乾したナマコ)・乾アワビ・寒天などの海産物を大量に買い付けていること、また真珠が宝石に準じて高い値で外国人に買われていることを目撃した。これらの海産物はすべて、彼の住む志摩の国で古くから産出するものばかりである。彼はこれを見たとき、海の国に住む者は海の産物を一〇〇パーセント利用すべきであると悟った。この意味で、この地の見学が、こののちの彼の生涯を決定したといってもよい。

　こののち幸吉は日光から今市を、また鎌倉・江の島の見物もすませ、五月十一日に帰途についた。ところがこの日にまた、彼の人生に大きな影響を与えたことにぶつかるのである。

　彼はこの日の朝、大磯をたって帰途についたが、途中静岡出身の石川素十郎など四人の茶商人と道連れになった。茶は当時わが国の生糸につぐ重要な輸出品であったから、彼らと同道した幸吉は、横浜などで見聞した貿易についての数多くの知識およびその商法を彼らから聞き出した。

　こうして幸吉を交えた五人は、箱根路を三島にむかって下って行った。ところが一行のうち石川は当時二十四歳であったが、いわゆる肥満型の男であったため、他の者よりおくれがちであった。幸吉は彼と歩調をあわせて歩いていたが、笹原新田(静岡県)にさしかかったとき突然、石川が苦しみ出し、意識をなくして路上に倒れてしまった。他の三人

幸吉はじめて活字になる

は先をいそいだため見当たらず、幸吉は途方にくれたが、その時かねて道中薬として用意していた「宝丹」という丸薬のあるのを思い出し、付近に水がないので丸薬を自分の口でかみくだいて、口移しで石川にのませて介抱した。その効果があったのかやっと石川は息を吹き返し、意識をもどした。やがて他の三人も石川たちがあまりおそいのを気づかって引き返して来たが、石川はなにぶんにも大男であり背負って行くこともできない。そこで幸吉は、あとを三人にまかせて三島までかけつけカゴを雇って返り、やっとのことで石川を三島の旅館にかつぎこんだ。

ところが石川をかつぎこんだ旅館の前に、静岡新聞の売捌所があった。そこでこの幸吉の人命救助が新聞記者の耳に入り、美談として静岡新聞に大きく報道されたが、さらにその記事は彼の郷土の新聞にも、また東京の新聞にも転載された。しかもこのことは、やがて全国的に美談として大きく報道されることとなった。幸吉が口移しで石川にのませた宝丹という丸薬は守田治兵衛という薬屋が、明治十年の西南戦争のときに、起死回生の妙薬として全国に売り出したものであるが、同時に守田はこの薬の広告雑誌として『芳譚(ほうたん)雑誌』を発行して（本社―東京下槇町愛善社）その誌上で全国各地の孝子・節婦その他の美談を紹介するとともに、貧困の孝子・節婦には、三〇〇〇円を基金として表彰金も出していた。

そこで幸吉の人命救助は単なる美談としてだけでなく、宝丹本舗にとっては絶好の宣伝材料でもあり、早速『芳譚雑誌』にこの事件をくわしく掲載して全国に報道した。

これが幸吉の名前が活字になって広く社会に報道されたはじめての経験であるとともに、彼が新聞の記事になることがいかほど大きな宣伝力を持つものであるかということを痛切に感じとったはじめての経験でもある。幸吉が五月十一日鳥羽に帰ったとき、彼を待ちうけていたものは人命救助の噂と賞賛の声であり、わずか二十歳の青年幸吉は一躍鳥羽の著名人となっていたのである。

活字と輪転機の威力を知る

彼が単なる平凡な青年であったなら、ただ有頂天(うちょうてん)になってこのことを喜んですませてしまったであろう。ところが幸吉の商人としての根性は、このことの本質をはっきり理解していた。すなわち幸吉は晩年このことを人につぎのように語っている。

ここで(この人命救助事件で)ワシは一つの悟りを得たといえる。ワシは自家広告というものはきらいだから未だかつて新聞雑誌に一行の自家広告も出していない。しかしある事柄か、ある人物が活字となり輪転機にかかり直面目な新聞記事として紹介されると、これは大変な宣伝力を発揮することは十分に知っているのである。然るに今までもそうであったが、とくに敗戦後のこのごろは、ワシの養殖場にアメリカをはじめ世界各国の人達がどしどし押しかけて来て下さる。この人達が自分の国に帰ってワシのことをしゃべる、映画班が来てワシと事業を映して帰る、アメリカ最大の娯楽誌ライフがワシの事を書く、星条旗紙が、ビーコン紙が、そして世界中の新聞雑誌がワシの事を書くのである。この偉大な宣伝力にワシは一文の広告料も払っていない。……思えば、その昔ワシが石川素十郎を救助したということは神さまがワシに活字と輪転機の偉力を知らしめた……。（加藤龍一著『真珠王』）

またこのことに関して同じことを幸吉は徳川夢声にもしゃべっている（『週刊朝日』昭和二十八年一月四日号「問答有用」第九二回）。

三面記事でやらないかんと思うた。新聞広告に一文も払わんことにしとるんだ。……しかし販売にはずいぶん金を使うたものです。……それが今日を致した。いまはすわっとっても、奈良の大仏やないが、お金が入ってくる。しかたがないね、これは。

幸吉の生涯には、彼の天真爛漫なる性格をあらわすものとして、紹介される数えきれぬほどの奇行や大言壮語がある。彼の遠慮のない、明るい性格から自然に発するものであるかも知れない。しかし彼のそのような言行の背後には、多分に活字と輪転機の存在を意識した計算があったようである。なにはともあれ、わずか二十歳の田舎の青年が、まだマスコミ論や広告論のあまりさわがれなかった明治初年に、活字と輪転機の威力と利用価値を的確に握っているのは、彼の商人としての根性が平凡なものでなかったことを物語るものである。

# 第三　海産物商人として出発

## 一　社会的地位と結婚

海産物商となる

京浜地方の見学から帰った幸吉は、翌十二年（一八七九）さらに大阪・神戸の見学旅行にも出た。これは東京・横浜などで見聞した海産物貿易の状況および将来性を、鳥羽から近いところで確かめるためであった。そしてその結果、彼はいよいよ海産物商人として身をたてる決心を固め、翌十三年（一八八〇）からアワビ・ナマコ・テングサなどの海産物の取引に従事し、相当な実績をあげた。

これらの海産物の取引は、彼が京浜・阪神地方の見学によって学びとったもので、これらを加工して乾アワビ・イリコ・寒天にすれば、当時のわが国の重要な貿易先であった中国への有望な商品になったからである。

最年少の町会議員

ところで、ちょうどこの年（明治十三年）町村会法が施行されたが、幸吉は弱冠二十二歳で鳥羽の町会議員に選出されている。議員中、最年少者であった。生涯を商人として徹した彼が珍しく、町会議員とはいえ政治に関心を示したのには、何か特別の理由があったにちがいない。

その一つと考えられるのは時代的な背景である。当時はいわゆる自由民権運動の昂揚期であり、とくにこの運動で板垣退助の腰巾着として腕をふるい、全国にも名を知られた栗原亮一がいた。栗原は鳥羽の出身であり、そのうえ幸吉は彼の父の塾で学んだこともあって旧知の間柄であった。栗原の活躍は、若い幸吉の血をたぎらせたであろう。また明治十三年は三重県で政治上大きな事件のおきた年でもある。すなわち三重県会は県令(知事)に、議会に決議機関としての権限を与えよということと、地租割増税撤廃を要求して県令と対立、ついに議員の総辞職事件にまで発展した年である。このような時代的背景の中で、若い、しかも機を見るに敏な幸吉が、出身を問わずある程度の財力と実力さえあれば、名をなすことのできる政治の世界に関心を示さないわけはない。

さらにまた幸吉の町会議員立候補の意図には、もっと重要なものが含まれていた。彼はすでにこの当時、その機敏な商法で商人としてのある程度の基礎を固めていた。しかしなんといっても、ウドン屋出身のまだ二十二歳の若輩である。そこで商人としてさらに発展するためには、社会的な信用と地位が必要となった。

さきの人命救助による信用もあり、また新しい政治・経済・文化の中心地である京浜・阪神地方の見学の経験もある。機敏な彼がこれらの経験や知識を、この選挙に一〇〇パーセント利用しないことはあるまい。乙竹岩造著『伝記』にも「選挙民の中には、町の先輩とか故老とかを推薦しようとの意見も有勢であったが、新生の町会で思い切り活躍してもらうには新進気鋭の人が望ましいとの説が勝を占め」とあり、ある程度の反対を押し切って立候補したことを説明している。

こうして彼は町会議員となったが、その結果、間もなく商人として利用できる役職をも獲得することになり、その所期の目的を達するのである。すなわち翌十四年(一八八一)には二十三歳で志摩国物産品評会委員、さらに十七年(一八八四)には二十六歳で三重県勧業諮問委員、翌十八年には三重県商法会議員となっている。ここまで来ると単に鳥羽の商人の代表ではなく、三重県の商人の代表御木本幸吉である。

久米うめと結婚

この間、幸吉は一応社会的地位ができると、日本の社会での対人的信用の基礎となる家庭を持つ必要がおこった。明治十四年（一八八一）十月、二十三歳の時、元鳥羽藩士、剣道師範久米盛造の長女うめ（十七歳）と結婚することとなった。当時幸吉は鳥羽の学務委員でもあったので、小学校の教師に知人が多かったが、その中でも新しい知識を持った師範学校出身の五人の教師とは、とくに親しくしていた。そこでこの五人に配偶者の選定を依頼し、彼らの眼鏡にかなったのが、うめである。

うめは八年課程の小学校を卒業した女性である。当時の小学校は上等・下等にわかれており、それぞれ四年制であった。普通は、しかも女子の場合は下等の四年ですませるものが多かったが、うめは八年の課程を学んだ、当時の地方の女性としては高い教養を身につけていた人ということになる。

うめの父久米盛造は剣道の強い、明治初年の士族らしく、一徹なところのある人物であった。『志勢雑誌』第一号（明治十五年五月刊）につぎのような記事がある。

鳥羽本町の大和屋……に於て山口県人福原某・京都府人岡某の両人が政談演説会を開きし節、福原某の演説中、三重県人民は卑屈だ、鳥羽人民は腰抜だ抔（など）と罵詈（ばり）悪口を極めしが、誰ありて之を咎むるものなかりしと。然るに爰（ここ）に同町の人久米盛造

（呑洋軒と号す）と言へるあり、其夜聴聞に至りしが、該演説を聴き怒り骨髄に徹せしが、其夜は漸く押へて半途にして帰りしが、未だ怒気納まらざれば、明れば早速其無礼を咎責に行くと思ひ居しに、恰も好し明朝早々福原某の通りければ、久米氏は之を呼込み問て云ふには、前夜足下の演説中我三重県人を痛く罵詈悪口せられしが、一体演説と云ふものはどの様な事を云ふても善きものなるか、足下の返答によりては余も少く所存が御座れば、それを問ひ参らすと屹相かえて言ひしかば、福原は大に驚き……深く謝せし……

彼の性格をよくあらわしている。

しかし盛造には「盆踊りには三味線をひいて常安寺という有名なお寺の境内で町人とタイコをたたき遊んでいた」（『御木本幸吉』御木本隆三著）という反面もあった。

当時、商家では商家から嫁をむかえるのが普通であり、また女には学問はいらぬといった時代である。田舎では珍しい八年制の小学校を出た女性で、しかも旧藩士の娘を嫁にむかえた幸吉は、そのことによってできる社会的信用と、それにもまして商人として新しい社会で大成するためにも、安心して家庭をまかせられる教養ある伴侶が必要であると考えたのである。

事実、うめは海産物商として、また各種の役員としても東奔西走し、さらにやがて真珠にとりつかれた夫につかえ、とくに幸吉の苦闘時代には事業の資金ぐりにも、夫とともにかけずりまわり、事業の基礎を作りあげた人であった。また彼女は一男四女の母としても立派に子供たちを育てている。たとえば長女るいは、のちの海軍中将武藤稲太郎夫人、次女みねは東京帝国大学出身の理学士、農林省技師、真円真珠養殖法の発明家西川藤吉夫人、三女ようは御木本パール総支配人池田嘉吉夫人、四女あいは東京文理科大学（現東京教育大学）名誉教授、文学博士乙竹岩造夫人、末っ子の長男隆三は

幸吉夫人うめと長男御木本隆三
（乙竹岩造著『伝記御木本幸吉』より）

旧制第一高等学校から東京帝国大学文学部、さらに京都帝国大学経済学部を経て、イギリスのオックスフォード大学を卒業したラスキン研究家と、それぞれ五人の子供を育てている。もっとも彼女は三十二歳の若さで明治二十九年（一八九六）四月二十五日に亡くなっているから、これらの子供たちの成人振りをたしかめてはいない。

幸吉は三十八歳の時、この良妻うめと死別したが、これ以後、数人の女性を傍らにおきながら、妻として正式にむかえることをせず一生を過ごした。苦闘時代をともにした亡妻うめに対するせめてもの手向けであろう。

## 二　中国貿易への関心

中国への直接貿易に関心

さて幸吉が海産物商人として、また各種役員としてもその地位を固めていったころ、明治十九年（一八八六）に志摩国海産物改良組合が結成されると、彼はその理事、さらに組合長に推されて就任した。ところが当時の志摩郡長から二－三の者とともに横浜・神戸の市場調査を命ぜられたことがある。この時、彼は中国上海（シャンハイ）の市場調査まで行ない、直輸出をすべきであると熱心に力説した。結局この彼の主張はいれられなかったが、このことは彼の中国貿易に対する関心の強さを示すものであるとともに、さらに当時の中国貿易に対する問題の核心を的確に握っていたことをも示すものである。

　このことを、つぎに掲げる資料が明白に説明してくれる。しかもこの資料は、彼の主張した時よりも十数年後のものであるから、幸吉の商人としての積極性と、その先見にはおどろくべきものがあったということになる。

　すなわち明治三十六年（一九〇三）農商務省『水産貿易要覧』は、海産物の中国貿易について神戸の実情をつぎのごとくのべている。

　貨物は総て産地荷主より本港（神戸港）問屋に輸送し、問屋は荷主の委託を受け、之を在留外商に売渡し、外商は其仕向地に送致するを例とす。而して清国以外の仕向地には内商直輸出を営むものなきにあらずと雖も、現今に於て清国向海産物の直輸出を営むものは本邦人に於て絶えてなく、悉く在留清人の手を経るなり。……我売込問屋の貿易上の知識乏しく……取引貨物の秤量は彼（清国人）に掌握せられ、あるいは荷解せられ、又観貫料（秤りにかける料金）を収められ、入目（費用）を取られ、また貨物を商館に搬運する等、総て唯唯其命に従はざるべからざる如し。

この資料で農商務省も中国向け海産物の直接輸出をする本邦の業者がないため、取引の主導権を中国商人に握られていることを説明し、その打開策として本邦商人の直接輸出の必要性を説いているのである。

# 第四　真珠商人への道

## 一　真珠に関心を持つ

真珠への関心

幸吉は海産物商人として、その規模を拡げていくうちに、やがて九州の大村湾、四国の土佐湾などとならんで、古くから志摩の英虞湾の特産品である真珠が、宝石と同じように外国人に珍重がられ、貿易品として有望なものであることに強い関心を持つようになる。もっとも彼の真珠に対する関心は、二十歳前後の京浜・阪神地方の見学で一応は持たれていた。しかし当時の真珠（天然真珠）の仕入れは、漁師が挾み捕りと称する方法で取った貝や海女が取った貝の中から偶然出てきたものを、真珠商人が各漁村を歩いて集めたものであった。久米武夫著『宝石学』によると、

明治中期に於ける日本真珠は現今の真珠事業の規模に比べると実に微々たるものであって、当時はその供給は主として、英虞湾・大村湾・土佐等に於ける芥子真珠の

生産に依存し、而も目方一分以上の真珠は産出も極めて稀れで、業者間でも珍重せられる有様であった。……当時の年産額は全体にて三―五万円程度と想像せられ……

とあり、『三重県統計書』によると明治二十一年の真珠産出高は、わずか一三二匁、七一一円にすぎない。

しかし産出量が少なければ、かえって良質の真珠は稀少価値を持ち、鑑定眼さえ身につければ有望な商品である。ところで幸吉の鑑定眼については、明治二十年（一八八七）に英照皇太后の真珠御買上の際、その鑑定を彼に宮内省が命じているほどであるから、すでにこのころには、一流のものを持っていたことになる。

幸吉が三十歳の年、すなわち明治二十一年（一八八八）を境として、彼は真珠商人として本格的な人生をふみ出した。その詳細はのちにのべるとして、ここでは明治十年代から二十年にかけての、わが国における真珠貝養殖および真珠養殖の状況をながめてみよう。

### 明治十年代の真珠増殖問題

明治初年以来、中国へは「俵物三色」とよばれたイリコ・乾アワビ・フカのヒレその他テングサ・昆布などの海産物が、またヨーロッパへは生糸・茶などがさかんに輸出されてきたが、このほか天然真珠も数こそ少ないが相当な高値で輸出されており、貿易品としては有望な商品であった。そのため業者による乱獲が行なわれて真珠は減産の方向にあった。志摩国でも明治二十年前後には減産がおこっており、九州佐世保湾でも同様であった。そのため佐世保では明治十八年（一八八五）には、八年間真珠の採取を禁止して、その繁殖をはかったほどである。

このような傾向は、ひとり真珠だけでなく、あらゆる海産物についてもいえることであった。そこで間もなく政府をはじめ民間有識者の間に、水産物の増殖の必要が論ぜられるようになった。明治十五年（一八八二）一月に大日本水産会が創設されると、同会も「各地各人……水産上ノ経験知識ヲ交換シ、専ラ水産ノ蕃殖、改良ヲ謀ル

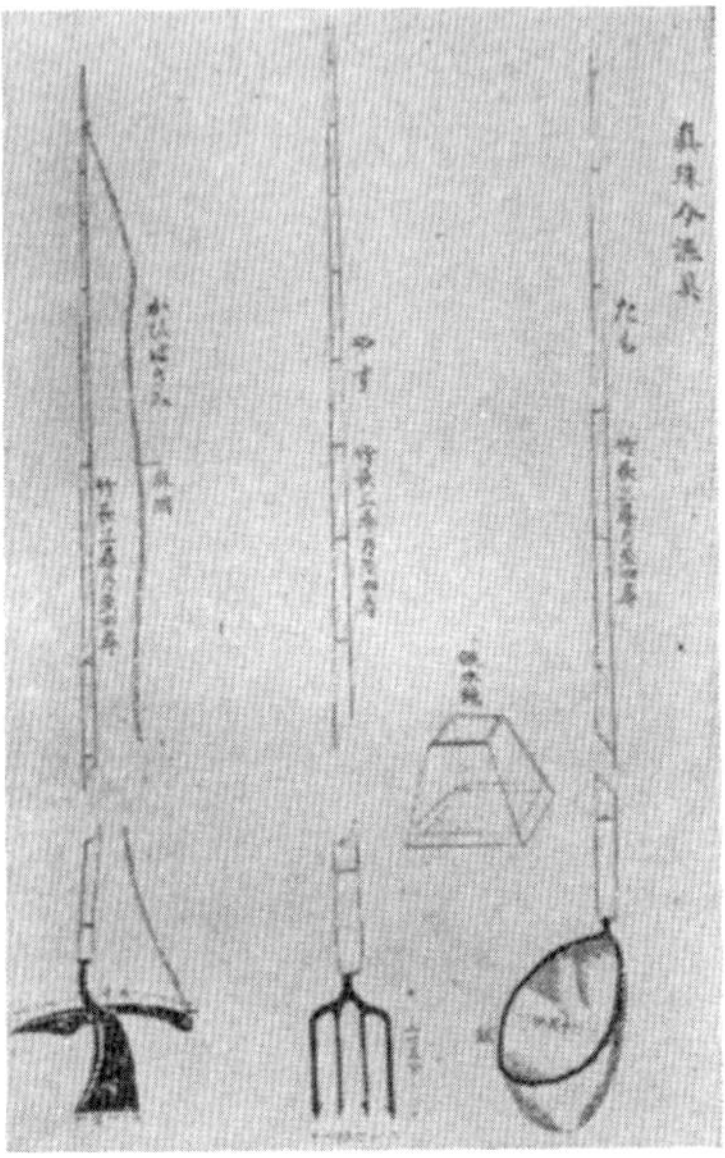

明治30年代ごろの天然真珠貝の採取漁具（明治38年発行『三重県水産試験場事業成蹟』第1巻より）

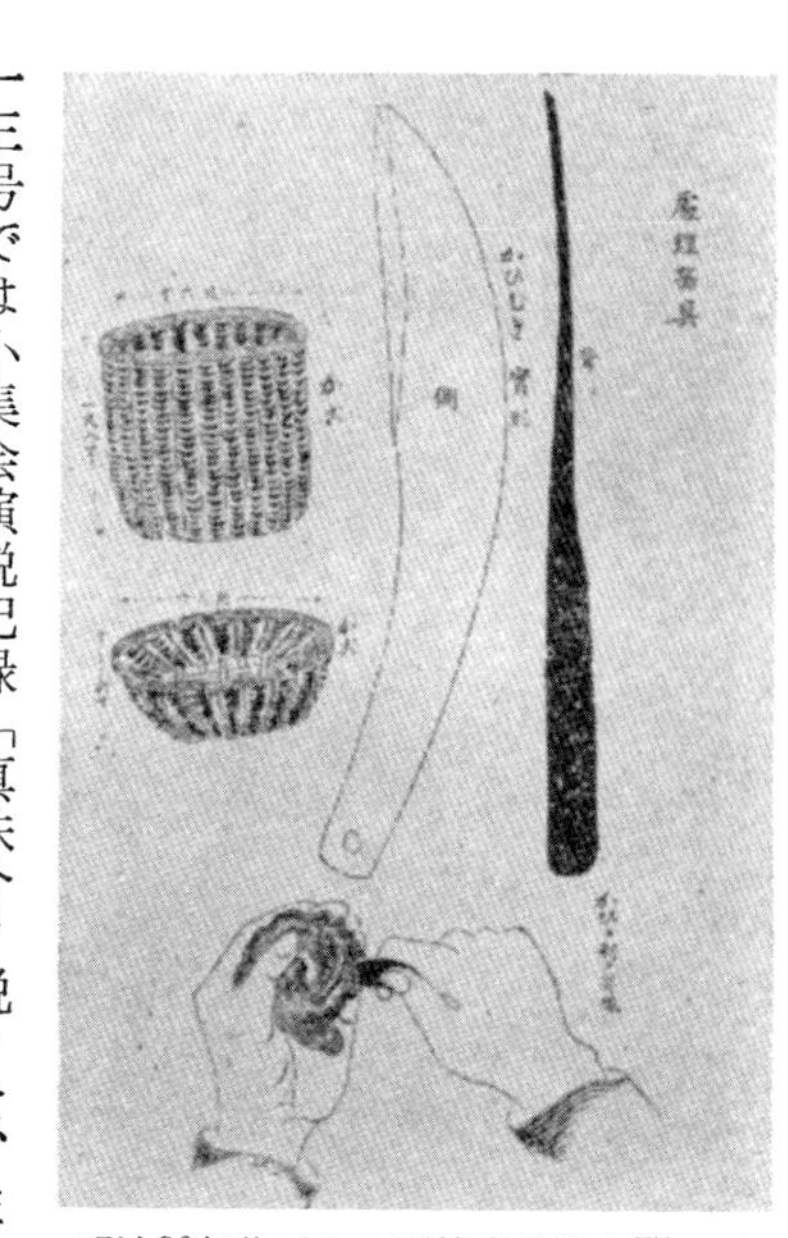
明治30年代ごろの天然真珠貝を開いて真珠を取り出す器具（明治38年発行『三重県水産試験場事業成績』第1巻より）

ヲ以テ目的」とし、機関誌『大日本水産会報』の発行と月一回の小集会の開催などをもち、水産学の講演および論文の紹介を行なった。

そこでこの水産会の活動の中から真珠に関するものをながめると、はやくも明治十六年（一八八三）三月の会報一三号では小集会演説記録「真珠介ノ説」を、また翌十七年二月の二四号でも、ふたたび「真珠介ノ説」を発表している。これらの記事によると「何れも真珠及び真珠貝殻が貴重視されねばならぬこと、天然真珠の成因、支那での淡水貝による貝付真珠養殖の方法、アコヤ貝増殖方法……真珠増産のためには真珠貝を増殖せねばならぬ事を強調」（小林万作編『真珠考・明治編』。小関信章稿「養殖真珠の発達を顧りみて・真珠開眼（三）」日本真珠振興会発行『真珠』二巻六号に掲載）とある。また明治二十一年には農商務省水産局員を石川・静岡・三重県に派遣し、真珠貝の増・養殖についての講演を行なわせている。

このようにながめてくると、真珠（真珠貝をふくめて）の養殖については、政府はもちろん民間業者の間でも相当注目されており、また民間ではすでにそれの事業化を計画・実行していたものがあったということがわかる。

## 二　真珠養殖家小川小太郎を知る

小川小太郎

三重県志摩郡志島（しじま）（阿児町志島）に小川小太郎という青年があった。慶応元年（一八六五）浜口嘉次郎の子として生まれ、のちに小川姓を名のった。幸吉より七歳年下の青年であった。家は代々庄屋をつとめ、家業は漁業および水産物加工販売業を手広く営んでいたが、小太郎は若い時から家業に従事、また役場にも出入りして新しい時代の空気を身につけていた。

彼はすでに十七―八歳で大日本水産会に入会し、その会報を通じて水産学の知識を吸収し、水産業の改良・発展につくした。また幸吉同様、二十歳ころには東京・横浜・大阪・神戸にも出かけ、家業の拡張をはかっているが、この際やはり真珠の取引きに強い関心を持ち、やがて明治二十年(一八八七)ころには真珠貝の養殖を手がけている。またこの間、二十歳の若さで志摩国漁業組合第三部組長、二十一歳でその取締役に就任しているから、進取の気性に富んだ青年実業家ということができる。

ところで小太郎はこの頃から真珠貝の養殖に手をつけ、彼の残した「真珠播殖法方」という文書によれば「播所ハ神明浦ニ限ル。播殖場所ハ壱万坪ニ限ル」とあり、その漁場を二〇円で借り、二万個の真珠稚貝を海底にばらまいて養殖し、三年目に採取している模様が記されている。しかもこの文書は明治二十二年に書かれたと推定できるから、その養殖の着手は明治二十年ということになる。

小川小太郎像

幸吉が真珠貝養殖に手をつけたのが明治二十一年か二十二年といわれているから、この点では小太郎の方が先輩ということになる。事実、現在も小川家に残されている幸吉よりの書簡によると、真珠に関しては幸吉も小太郎に一目おいていたこと、および幸吉が小太郎の事業と養殖場のある神明浦（志摩郡阿児町神明）に大きな関心を持っていたことがわかる。

### 小太郎と幸吉の関係

ところで、のちにのべるように明治二十一年（一八八八）八月、幸吉が大日本水産会幹事長柳楢悦に真珠貝養殖の視察を要請し、案内したのも神明浦である。この要請を依頼したときも幸吉の頭には小太郎のことがあったのであろう。小川家に柳の名刺が今も大切に残されているが、幸吉はこのとき小太郎を柳に引き合わせて、小太郎から養殖の方法やその実況を説明させたにちがいない。ところが小太郎はその翌二十二年（一八八九）十一月三日、二十四歳の若さで腸チフスのために亡くなっている。真珠業界にとっては惜しい人物を、若くして亡くしたものである。

この小川小太郎と幸吉の関係については、なぜか今までの幸吉の伝記には、まったくふれられていない。筆者は幸吉を真珠養殖事業にふみ入れさせるのに、大きな役割をはたした人物として小川小太郎をみる必要があると考える（この項に関しては前掲小関稿「真珠開眼(5)」および小太郎の遺子、故小川多門との談話によった）。

## 三　柳楢悦との出会い

第二回全国水産品評会に出品

明治二十一年（一八八八）六月、第二回全国水産品評会が大日本水産会の主催で開かれることとなった。そこで志摩国海産物改良組合でも、これに出品することになり、当時組合長であった幸吉は「改良海参（いりこ）」と「真珠」をたずさえて上京した。この二つは輸出品としても有望な海産物である。同品評会は東京の京橋木挽町の厚生館を会場として開催されたが、彼のたずさえた出品物に二等賞が与えられた。この品評会でも幸吉は真珠が大変珍重がられるのを見て、ますます真珠商への意欲をもやした。ただ問題は商品としての真珠をどの程度、集荷できるかということである。前にものべたように、当時は業者の乱獲による真珠の不足が問題になっていた時である。

そこでどうしてもやらねばならぬことは真珠の増殖ということであり、彼も小川小太郎と同様、神明浦に養殖場を持つことを決意した。そこでこの計画を実現するためには自らチャンスを作りだすことである。機を見るに敏な彼は可能な限りの手を打つ人物である。早速、品評会の主催者である大日本水産会の幹事長柳楢悦に面会を求めた。

柳は初代の海軍水路部長をつとめた予備役海軍少将で、当時は元老院の議官もつとめ、のちに第一回の貴族院議員に勅選されたほどの人物で、田舎の一青年組合長がそう簡単に面会できる相手ではなかった。しかし柳は元伊勢津藩士であったから幸吉とは同県人ということ、さらに柳にとって伊勢・志摩の海は思い出の深いところであったため、心よく幸吉の面会に応じた。柳にとって伊勢湾は若い津藩士であったころ藩主に命ぜられて測量に従事した海である。そして彼はその経験と学識をもとに維新後、海軍に出仕して水路部の創設につくしたが、とくに志摩の海は明治三年（一八七〇）彼が海軍の測量責任者としてイギリス海軍の測量艦シェルビア号に従って、第一丁卯（ていぼう）艦を指揮し鳥羽から的矢（まとや）湾（志摩郡磯部町）に入り、わが国海軍の手によるはじめての水路測量を行なった思い出深

海軍大佐当時の柳楢悦
(明治7年ごろの油絵肖像)

柳の視察と幸吉の真珠貝養殖業への出発

いところである（石井研堂著『明治事物起原』「海軍海図の始」による）。またとくに鳥羽の港は、明治五年（一八七二）明治天皇が海路により伊勢神宮を参拝されたとき、海軍大佐の先発官として港内の調査と、さらに御召艦の先導をつとめた晴れがましい思い出を持つところである。

柳はこのような思い出を持つ志摩国鳥羽の幸吉に、特別の親しみを持って接した。この機を見逃す幸吉ではない。彼一流の弁舌で柳に真珠貝の激減を訴え、その養殖事業の必要性を力説し、志摩の海の視察と調査を依頼した。幸吉の積極性は柳に強い印象を与えたようである。それはこの年の八月、柳みずからが鳥羽の幸吉を訪ね、英虞湾内の視察をしていることから判断できる。

なにはともあれ、柳の権威と肩書きで神明浦の漁民を説得できれば、幸吉の真珠貝養殖への計画は実現できるわけである。この意味で柳との面会は彼のこれからの事業のうえで、大きな収獲をもたらすものであった。

幸吉が東京から帰った二ヵ月目、明治二十一年（一八八八）八月十三日、柳楢悦は鳥羽の御木本家を訪ねた。柳は久し振りで郷里をおとずれたのを機会に幸吉の依頼を思い出し、伊勢新聞社長松本宗一の息子恒之助を同道して来たのである。幸吉にとっては非常な感激であるとともに、好機到来でもある。早速二人を英虞湾、とくに神明浦に案内した。神明では網元であり、村の有力者である山高の家に泊り、柳を小川小太郎にも引き合わせた。柳は小川をはじめ山高の主人や村の有力者たちに真珠貝増殖の必要性と、その将来性を説いた。

この柳の神明浦来訪は、当時としては山高の主人および小川小太郎をはじめ、村民にとっても光栄ある事件であったようだ。このことは前述のように小川家に現在でも、重要書類とともに柳の名刺が大切に保存されていることからも推察できる。そこでこのチャンスを最大限に利用したのが幸吉である。早速彼は山高の主人に依頼して、神明浦で真珠貝養殖漁場の借用に成功している。

# 第五　真珠養殖業への出発

## 一　神明浦で真珠貝養殖をはじめる

**真珠稚貝養殖の成功**

幸吉はこの年（明治二十一年）の九月十一日に神明浦の遠浅の海に杭を打ち、シュロ縄を張りめぐらして、これに小枝・石・瓦などをつるした。これらに真珠貝の稚貝を付着させ増殖させようというのである。これが幸吉の真珠貝養殖事業の第一歩である。そしてこれから三ヵ月、毎日のように幸吉は縄その他につく海草・フジツボ、ことに稚貝を喰い荒すヒトデの除去につとめたが、十二月のある日、縄につるした小枝・石・瓦などに真珠貝の稚貝が付着しているのを発見した。こうして彼の事業の第一歩は一応の成功を見たわけである。

幸吉のほかに英虞湾沿岸十ヵ村（布施田・和具・越賀・御座・浜島・鵜方・立神・波切・船越・片田の各村。神明浦は当時は鵜方村に大字として含まれていた）の業者で結成されていた「三重県志摩国真珠営業者同盟組合」（明治二十二年七月創立）も二十三年（一八九〇）七月には、海中に木片・石・瓦などを投げ入れ真珠貝の増殖を図っている。

しかし、ここで問題になるのは食用海産物の養殖と、真珠貝養殖との相違である。食用海産物の場合は養殖の成功は、ただちに事業の成功につながるが、真珠貝の場合は事業の成功に直結するものではないということである。すなわち真珠貝は真珠を産み出す可能性を持つにしかすぎない。数百個の、いや時には一〇〇〇個の母貝から一粒という確率であり、しかもその一粒が、かならず宝石的価値をもつ商品になるとはかぎらない。

そのうえ漁場の使用料、労働賃金その他材料費・維持費を考えたとき、母貝養殖の成功が、そのまま幸吉のはじめに意図した営利的事業としてなりたつものではない。ここに彼は大きな壁につきあたることとなった。しかしのちにのべるように、やがて彼はこの壁をつきやぶり、その偶然的可能性を必然的可能性に変えて行く、大きなチャンスを握ることになるのである。

### 明治十〜二十年代における真珠成因の研究と実験

ところで、このあたりで当時の国内外における、真珠に関する研究および学説をみることにしよう。国内ではすでに明治十六年（一八八三）および十七年、『大日本水産会会報』に「真珠介ノ説」が発表され、天然真珠の成因の研究と中国における真珠養殖の実状の大要を説明している。そこで注目すべきことは、中国ではすでに当時カラス貝の体内に金属または貝殻で作った核を挿入して貝付真珠の養殖を行なっていること、およびその養殖方法の紹介である。核は丸いものまたは彫刻物（仏像の形の場合、これで作られた真珠を仏像真珠とよんでいる）とあるが、貝殻で丸い核を作るのには、鉄製の箱の中に貝の小片を入れて長時間振り動かすと書かれている。こうして養殖した貝付真珠（その期間は十ヵ月から三年とある）を、貝からはなしてのちの処理の方法は、現在でも行なわれている貝付半円真珠の方法と同様であるのも興味深い。この他、同会報はヨーロッパにおける研究（ヘスリングの実験）にもふれている。

**東京大学の学者による研究**

また明治二十年（一八八七）ごろになると東京帝国大学の学者グループ箕作佳吉・佐々木忠次郎・岸上鎌吉らによる実験と研究が、神奈川県三崎の大学臨海実験所においてなされており、これらの研究報告が二十三年一月、大日本水産会発行の『欧米水産製造法　全』の中に発表・公開されている。そこでは中国の貝付真珠＝仏像真珠の養殖法については、

ドブ貝につくられた，いわゆる仏像真珠――中国産

より具体的に、たとえば核を挿入する部位まで明瞭に説明されている。

すなわち「其ノ法ハ春季ノ頃真珠ヲ生スヘキ介殻ヲ採リ、予テ薄キ錫板ニテ製セル小仏像（長サ凡ソ十八ミリメートル、幅十二ミリメートル、アリ）ヲ介肉ト外殻トノ間に挿入スレバ、介肉ノ外層ヨリ真珠層ヲ分泌シテ、六ケ月ヲ経ルノ後ニ仏像形ノ真珠ヲ成就スルニ至ル」と説明されているのである。

このほか、ドクトル＝キューヘンマイステルの方法も「細小ノ物体（核のこと――筆者）ヲ介殻ノ筋衣ノ中ニ挿入シ新シキ真珠ヲ作ルガ……其容ルル物体ハ他ノ介殻ヨリ採リシ劣等ノ真珠或ハ細砂又ハ陶器製ノ珠ノ類ヲ良トス」と説明している。

農商務省山本由方技手による研究

また明治二十四年（一八九一）十月には農商務省技手山本由方が志摩の英虞湾から真珠貝を広島県の厳島に移殖し、錫または貝殻で作った核や砂粒を核として外套膜の中に挿入し、真珠養殖の実験を行なっており、この実験報告は二十六年三月の『農商務省水産調査報告第一巻』に発表されている。

このように当時はすでに学界では、真珠貝の養殖から真珠そのものの養殖（ただしおもに貝付半円真珠）へと実験と研究が進み、その原理と方法および技術は、公知・公用のものであったのである。

ところで山本由方の厳島における実験用の母貝を、英虞湾から運んだのは幸吉である。真珠の養殖に強い関心を持っていた彼が、山本の実験を見逃すはずはない。石井研堂著『明治事物起原』の「真珠養殖実験の始」の項によると、幸吉は「山本氏を雇い入れて技師となし、終に大成功したるは前記学者（佐々木・岸上・箕作などを指す――筆者）の試験に負ふ所多しとす」とある。幸吉が山本を雇い入れたことに関しては今のところ確証はないが、山本の実験を直接見聞したであろうことは想像できる。

## 二　箕作佳吉博士らの指導を受ける

ふたたび柳によってチャンスを与えられる

明治二十三年（一八九〇）、幸吉が三十二歳の新春、柳楢悦からつぎのような手紙がとどいた。「貴台の真珠養殖事業は、その緒に着かれ、大慶至極に存候。就いては、陽春四月一日より東京に於いて第三回内国勧業博覧会が開催の運びと相成り候、依て、貴台には真珠の宣伝の為、揮って御出品の程、篤と願入候、尚、貴台を博覧会審査員帝大教授箕作理学博士に紹介いたし置き候」（御木本隆三著『御木本幸吉』による）。

幸吉にとっては、またとないチャンスである。前にものべたように、ちょうど真珠貝の養殖に一応の成功を見ながら、事業化のうえでの大きな壁にぶつかっていた時である。この壁をやぶる法は、養殖した母貝より偶然出る真珠を待つよりも、そこから必ず真珠を取り出す方法を見つけること以外にない。ところが当時の彼には、その手がかりを見つけるための生物学的知識がない。その彼に当時の水産動物学の権威、箕作博士を紹介するというのである。幸吉にとって箕作博士の学識はまさに「アラディンのランプ」にひとしい魅力である。ここでも、このチャンスを柳によって与えられているのである。

まこと幸吉の事業の基礎作りは、柳によってなされたといっても過言ではない。なお柳はこの年の十月、第一回の貴族院議員に勅選されているが、翌二十四年一月、六十歳で亡くなっている。幸吉は生涯、柳の恩を忘れず、長男隆三にも常にそのことを語ったという。因みにこの柳楢悦は、民芸研究家・美術評論家として有名な柳宗悦の父である。

### 第三回内国勧業博覧会での演出

さてこの第三回内国勧業博覧会は、明治二十三年（一八九〇）の四月一日より七月三十一日まで、東京上野公園内で開催されたが、この時の真珠（天然真珠）の出品は長崎県三六、高知県六、三重県六、沖縄県三、茨城県三、石川県二、鹿児島県二、東京府一、愛知県一の計六〇点であり、三重県からの出品は三重県庁より出品人総代を命ぜられた幸吉が携えたもので、数のうえでは多いほうではない。

しかしこの時、幸吉は柳の手紙にあった「真珠の宣伝のため」審査員をはじめ来会者の注目をひくためにも、真珠だけでなく生きた真珠貝を会場の水族館に放養して見せている。この時他にも魚や貝を放養した者もあったが、現在のような換水設備の完備されていない水槽の中で、他のものはほとんど死んで行ったのに、不思議なことに幸吉の放った真珠貝だけは生き残っており、観衆の関心を引いた。ところがこのことは真珠貝だけが、この悪条件に耐えうるほど強かったのではない。実は彼が志摩から運んだ真珠貝のほとんどを、神奈川県の海に飼育しておき、その一部を水槽に放養し、死にかかるとすぐ入れ換えておいたのである。

またちょうど季節的に真珠貝の産卵期にあたっていたため、この生きたままの真珠貝の放養は、審査員をはじめ水産動物学者たちの学問的な関心をも強く引き、彼の「真珠の宣伝のため」の意図は成功した。

勧業博覧会図

ところでこの博覧会のため上京した時の彼の服装は、のちに幸吉のトレード〃マークとさえいわれた山高帽子に、丸に珠の字を染めぬいた木綿の紋付姿であった。このころから彼は、家紋を丸に珠に改めているが、彼

### 箕作佳吉博士を訪ね、教えられる

第三回内国

の真珠に対する執念と確信のほどを示すものである。

ところで真珠を出品し真珠貝を放養して見せ、真珠の宣伝をするだけが彼の上京の目的ではなかった。柳の手紙にもあったように、この機会に当時の水産学の権威箕作博士に面会し、博士の学識に接することが彼のもう一つの大きな目的であった。そこで彼は博覧会の暇を見て箕作博士をその研究室に訪ね、当時のヨーロッパをはじめ中国の仏像真珠について、その養殖の事例および研究成果を紹介された。そして真珠の成因が砂粒、または寄生虫の如き異物が貝の体内に入ったとき、その刺激によって真珠質が分泌され、それらのものを核として真珠が形成されるものであることを聞かされた。たとえばドイツのヘスリングはすでに一八五六年に、貝の外套膜の上皮が外からの異物の刺激によって、貝の体内に真珠袋を形成し、真珠が作られるという、いわゆる「真珠袋説」を確認していた。

そこでこの成因を利用して人工で核に相当するものを挿入し、その核がはき出されないようにできるならば、人工で真珠養殖が可能であることも説明された。ただし当時はこの核に何を用いるかが問題であったようである。

このような博士の説明が、動物学的知識のなかった幸吉に、どの程度理解できたかはわからないが、前にものべたように企業としての真珠貝の養殖が、大きな曲り角に来ていた時だけに、幸吉にとって真珠そのものが人工で養殖できるという話は、まさに天の啓示にひとしい感動であった。

このように柳の勧誘で参加した第三回内国勧業博覧会は、幸吉のこれからの人生を大きく飛躍させるチャンスを作るものとなった。

### 第三回内国勧業博覧会と恐慌

しかしこの博覧会そのものは、ちょうど開会のころからはじまった、わが国で最初の恐慌である、いわゆる「一八九〇年の恐慌」の影響をうけ、惨憺たる結果におわっている。この模様を翌二十四年（一八九一）一月十四日の『東京日日新聞』は、此の博覧会は甚だ悲歎すべき景況にてありたりき。先づ其の出品に於ては、前回に比較すれば精粗優劣は兎もあれ、大に其多きを見たりしかども、本年の不景気に伴ひて売方甚だ宜しからず。其の金高の上れる物品は御用品の外には外国人を除きて買入なしといふべき有様にて、一面には日本人に購買力なきの実を現はし、一面には許多の物品を残して大に出品人に損失を蒙らしめ、其極、物品の始末に困りて種々の方法を尽したれども、是ぞといへる名案もなく……許多の労力と費用とを掛けて出したる出品人の為には誠に気の毒なる事共なりき。

と報じている。

## 三　真珠養殖実験の成功

神明浦で本格的に真珠養殖をはじめる

第三回内国勧業博覧会の不成功と恐慌の中でも、幸吉は人工による真珠そのものの養殖への希望と確信を持って帰ると、早速、従来の神明浦の他に鳥羽湾内にある相島（現在の御木本真珠島）で、真珠の人工養殖の実験と施術にかかった。ところが彼がこのように、自信をもって本格的に真珠養殖業（真珠貝養殖ではない）への第一歩をふみ出したのが明治二十三年

（一八九〇）であるということと、前にのべた小川小太郎がその前年に死んでいることを、つぎのように結びつけて考えるのは無理であろうか。

彼が年下の小太郎を、こと真珠に関しては兄と思い尊敬さえしていたことは前にものべた。もし小太郎が生存していたとすれば、彼は小太郎を良き協力者として迎えていたであろう。しかし反面、真珠をあつかう商人として、また殊に真珠養殖事業に着手しその独占を図っていた幸吉にとって、一歩前進していた小太郎は、ある意味では煙たい存在でもあった。その小太郎がこの世を去ったのは、その前年の十一月である。良き協力者を失ったことはたしかであるが、すくなくとも神明における幸吉の真珠養殖事業は、小太郎の死によって独占できるようになったわけである。幸吉がのちに小太郎の一子小川多門を彼の養殖場に引きとり、また多門が成年に達するまで、小太郎の遺影を自宅の仏間にかかげて霊をなぐさめたというのは、彼の事業創設と小太郎との関係を物語るものであろう。

挿入核の実験で苦労

神明浦と相島における真珠養殖の実験で幸吉がもっとも苦心したのは、やはり核として挿入する物質であった。核にはガラス製の南京玉や陶器や貝殻の小片も用いてみた。

そこで当時の新聞記事から、彼および学者グループがどのように、この核の問題にとりくんでいたかをながめてみよう。すなわち明治二十六年（一八九三）二月二十二日号の『郵便報知新聞』によれば、「御木本幸吉三重県で真珠貝養殖」と題して、

三重県に於て真珠貝養殖に熱心なる御木本幸吉氏は、先頃ろ支那地方に於て養殖する人工真珠貝を取寄せ、其の一個を農商務省へ差出せしが、貝は我邦の「タン貝」に似たる淡水貝にて、多きは一個にして二十粒余の真珠付着し居れり。試みに其内の一粒を砕き見るに、黒色の丸薬に似たるものにて其物質の何たるを知る能はず、又は人工真珠養殖の方法等も判然せざるに付、同原料の物質は目下佐々木・箕作両博士に於て分析調査中なるが、試験の上充分の成績を得ば、人工真珠を養殖せんとの計画もある由なり。

こうして各種の方法を用いながら彼の実験はつづけられ、やがてのちにのべるようにこの記事のすぐあとで、一応の成功を見ることになるのである。ところで、この記事からもうかがえるように、動物学の基礎的知識を持たない彼は、東京帝大をはじめとするいわゆる学者グループとの結びつきを大切にした。そのためもあってか、彼は長女るい

明治二十六年相島で実験成功

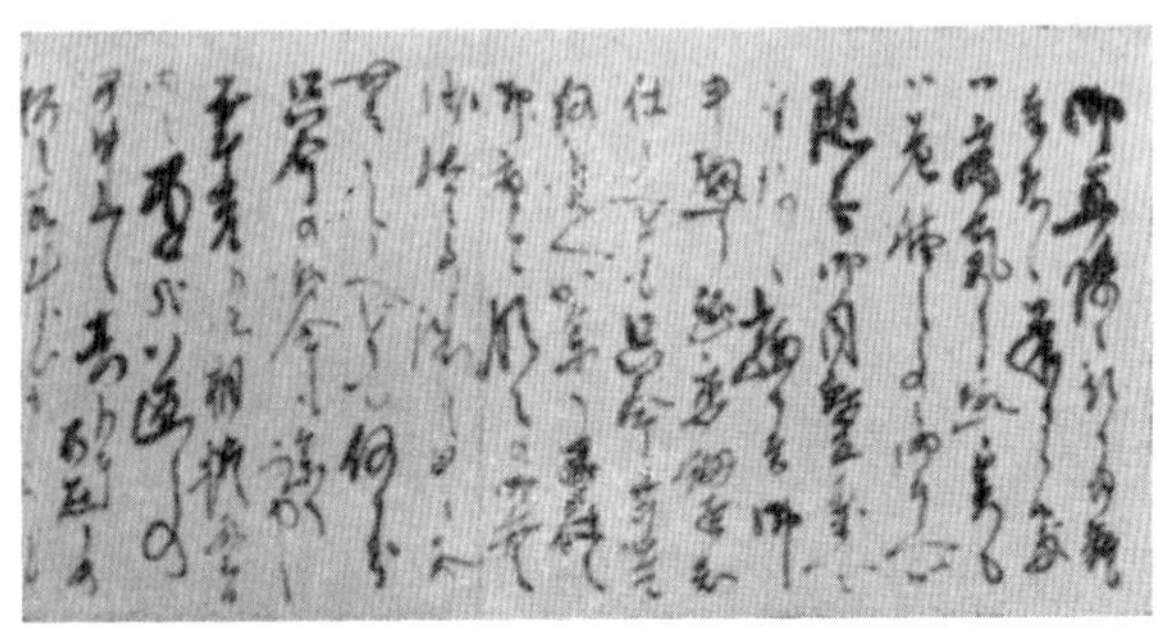

小川に宛てた手紙

た金の返済延期をたのんだものである。

を小学校を卒業させるとすぐ、行儀見習という名目で箕作博士の家に住みこませている。

明治二十五年（一八九二）七月には東京帝大から佐々木忠次郎理学博士が英虞湾内の真珠貝の成育と海底の深浅、土質の硬軟、潮流・水温との関係について調査を行ない、幸吉の実験を一歩も二歩も前進させる基礎をつくったが、皮肉なことに、この年の十一月、真珠貝にとって最も恐るべき赤潮（海のプランクトンが異常に繁殖し、このため海水の酸素が不足して魚介類が死滅するもので、海水が赤色になるのでこの名で呼ばれているが、発生原因などについてはまだ定説がない）が発生し、幸吉は神明浦での養殖実験中の貝を全滅させるという大きな被害を受けた。

ところが、彼はこの不幸にもめげず実験をつづけるうち、ついに翌二十六年（一八九三）七月に一応の成功を見ることになった。明治二十六年七月一日、幸吉

実験のための資金

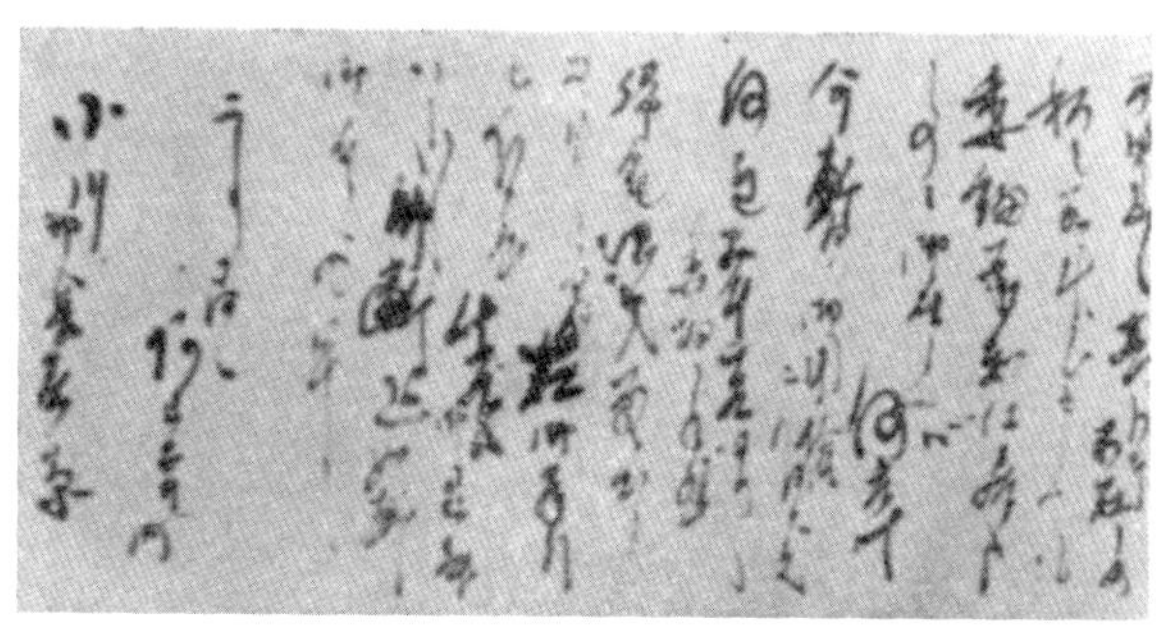

幸吉の妻うめが
内容は創業当時に夫幸吉が小川から借り

は妻うめと二人で鳥羽浦相島で実験のため施術した貝を引き上げ、そのひとつひとつを調べていた。その時うめの開いた貝の中から、夢にまでみた真珠(貝付半円真珠)がみつかった。夫婦だけにわかる感動である。ふるえる手でつぎつぎに貝を開けて行った。わずか数個ではあったが、たしかに施術した実験貝の中から真珠がとびだしたのである。これが幸吉の施術養殖真珠第一号であり、幸吉三十五歳の時である。なおこの年の四月には、それまで娘ばかり四人であった幸吉夫妻に、はじめて長男隆三が生まれているから、彼にとっては、二重の意味で記念すべき年であった。

施術養殖をはじめて三年である。この間の実験からはもちろん一銭の収入もない。いや収入どころかった。

施設費・材料費・人件費などは持ち出しであるうえに、前にものべた赤潮の大被害もあ

一体この間、彼の実験その他の費用は何によってまかなわれていたのであろうか。明治政府はいわゆる殖産興業政策を打ち出し、新しい産業はもちろん農業にも種々の保護・奨励をはかっていた。水産業でも遠洋漁業とか食料品としての水産養殖業などは、その恩恵をうけていた。しかし真珠養殖の将来性は認めながらも、可能性のうすい実験段階にあるものにはその恩典がなかった。

政府の政策がそのようであれば、銀行の融資もうけることは出来ない。結局のところ自己資金のほかは親戚・知人を頼っての、個人的な借金でまかなうほかにない。たとえばここに掲げた（五六〜五七ページ参照）写真は小川小太郎の父（小太郎はすでに死亡）に宛てた幸吉の妻うめの書簡であるが、小川から借りた金の返済延期の断り状である。

もっとも幸吉は、真珠貝および真珠養殖にとりつかれていたとはいえ、この間、鳥羽での家業のウドン屋をはじめ海産物・天然真珠の仲買もつづけていた。そのうえ四日市での鉄道事業まで手を染めているのである。これらのことは、まだ彼の真珠貝養殖も真

珠養殖も、企業として確立されていないことを示すものであるとともに、その確立への投資のための多角経営でもあったことを物語るものである。

# 第六　御木本真珠養殖場の創設と事業の確立

## 一　特許の獲得と真珠養殖場の創設

漁場獲得への抵抗

明治二十六年七月、前にのべたように、たとえ数個にせよ貝付半円真珠の養殖に成功した幸吉は、直ちにその企業化を図るべくまず本格的な養殖漁場の獲得にのり出した。前年の佐々木博士の調査もあり、古くから天然真珠の産地でもあった神明村から海上約四キロの、同村共有地である英虞（あご）湾内の田徳島（のちの多徳島）を中心とする海を最適の漁場と定め、この島に御木本真珠養殖場の本拠をおくこととした。

しかしこの漁場は、そう簡単に獲得できたわけではない。当時の神明村は戸数約一二〇ほどの半農半漁の村であった。村民としては同島付近の海を御木本に貸し与えると、古くからそこで行なわれていたナマコ曳き漁業、イワシの地曳き網、建切網漁業、肥料用の海草の採取、とくに天然真珠の採取ができなくなる。それは当時の真珠養殖が、いわゆる「地蒔(ちま)き式」といい、核を挿入し施術した真珠貝を海底にばらまいて養殖したためで、たとえば地曳き網で海底をさらえば施術貝を引き上げることになり、また天然真珠貝と施術養殖貝の区別もつかなくなるからである。そこで、これらのことが村民の間に伝わると猛烈な反対がおこり、スキやクワを持って田徳島にのりこむということもあったという。

村民の中にとび込み漁場獲得

しかし、このようなことに動ずる幸吉ではない。彼にはすでに神明の網元山高という村の有力者がついている。山高は幸吉のバックに東京帝国大学の学者グループや柳楢悦(ならよし)（柳はすでに死亡していたが）をはじめ大日本水産会の幹部や、さらに同会の会頭である小松宮彰仁親王さえ居ることを知っていた（明治二十四年幸吉は柳を通じて小松宮に近づき「養真珠」の真書と写真を下賜されている）。

この山高の斡旋(あっせん)もさることながら、幸吉自身も彼独特の演出で村民のなかにとびこみ、この問題の解決を図った。まず幸吉は神明村に居住し、雨乞い踊りや盆踊りにも村民とまじって踊り、また村の集会にも出席して村民と同じ生活の中で親近感・同族感を獲得するように努力した。また彼の養殖事業が村民の利益にもなるのだということも説いて

創業当時の田徳島御木本真珠養殖場
（『御木本真珠発明七十五周年』より）

まわった。まず養殖事業に必要である海女（あま）その他の労働力は村民から採用すること、さらに養殖に必要な真珠母貝も神明村から購入することを条件としたのである。

こうして明治二十六年（一八九三）十月田徳島とその周辺の漁場六万坪を借りて、いよいよ御木本真珠養殖場は本格的に発足することとなった。この時の賃借料は年額五円（この年の米価が石当たり七円四〇銭）という安さである。もっとも、しばらくして彼の事業が確立され、相当な利潤をあげるようになると二五円、さらに一〇年後、神明村との契約書によると年額二〇〇円にひきあげられている。なお当時の田徳島は周囲一八町ばかりの無人島であったが、幸吉は島内を切り開いて、妻うめの弟久米楠太郎、実弟の御木本松助、森本常蔵・竹内久吉その他数名とともに鳥羽から移り住み、御木本真珠養殖場を開所した。これが現在の御木本真珠会社のはじまりである。

幸吉はこうして田徳島を中心とした漁場獲得を基礎に、真珠養殖の企業化を進めたが、さらにその養殖技術を独占し、より一層の企業利潤を高めるために、養殖場創設の翌二十七年（一八九四）九月十三日に、その技術の特許を出願した。結局この特許は発明者・特許権者を御木本幸吉として、明治二十九年（一八九六）一月二十七日付で許可されたが、この特許によりこれからしばらく真珠（半円真珠）の養殖事業は彼によって独占されることとなった。

特許第二六七〇号「真珠素質被着法」

なおこの特許番号は「特許第二六七〇号」であり、普通「御木本式真珠」とよばれた貝付半円真珠の特許である。つぎにこの特許の主要部分を掲げておこう（文中の・印の部分はのちにのべる特許侵害事件で問題になるところである）。

特許第二六七〇号　出願　明治二十七年九月十三日
　　　　　　　　　特許　明治二十九年一月二十七日

三重県志摩郡鳥羽町百八十四番屋敷

特許の獲得により兼業をやめ真珠養殖事業の専門家となる

特許権者　発明者　御木本幸吉

真珠素質被着法（抄）

特許条例ニヨリ本発明ノ特許ヲ請求スル区域ハ左ノ如シ、

一、本文所記……目的ヲ達セシムル為メ、硝子・介殼又ハ此場合ニ在テ硝子・介殼ト均シキ用ヲナシ得ヘキ物質ヲ以テ、珠又ハ一所切落シノ珠ヲ作リ、食塩ヲ以テ之ヲ磨クカ又ハ濃厚食塩水中ニ之ヲ浸シ、然ル後生活セル真珠介ノ中ニ挿入シテ真珠素質ヲ被ラシムヘキ方法、

この特許が許可されると彼はこの年を機会に背水の陣を敷いて真珠事業に専念することにした。すなわち父祖伝来の家業であったウドン屋をはじめ、彼が青年時代より手がけた米穀商・海産物商などを思い切って整理し、天然真珠の売買と真珠養殖だけを専門の業とすることにした。このことは特許権獲得という技術の独占——すなわちそれは事業の独占につながる——による自信のほどをあらわすものであると同時に、事業の資金の面でも他の事業を兼業する必要がなくなったことを物語るものである。いや必要がないというよりは、兼業はかえって彼の新しい事業の邪魔になったといった方が適切であ

ろう。御木本隆三著『御木本幸吉』によれば、「当局も……特許権を与えてくれた。……新聞はここぞと書きたてた。……天下の話題は養殖で産まれる真珠にさらわれた。……御木本幸吉は、いまや世界に類のない養殖真珠の専門家であり、事業主なのだ。」とあり、彼はすでに養殖真珠の発明家・専門家であり、またその事業主として社会に広く名を売ったのである。すなわち海産物商・ウドン屋・米屋の御木本ではなかったのである。

愛妻うめの死

やっと真珠養殖事業の専門家として、しかもその事業の独占の計画が軌道にのったとき、幸吉は思いもかけぬ大きな不幸に遭遇した。明治二十九年（一八九六）四月の妻うめの死である。うめは前にものべたように、真珠養殖にとりつかれて家を留守にすることの多い夫のために、鳥羽での家業ウドン屋をはじめ海産物商・米穀商をきりまわし、そのうえ真珠養殖事業のための資金ぐりまで飛んで歩いた婦人である。

彼女は卵巣水腫の診断をうけ、京都府立病院で切開手術をうけたが、四月二十四日ついに、真珠養殖事業家としてはまだ未完成の夫と、十六歳を頭に五人の子供を残して息を引きとった。幸吉三十八歳、うめ三十二歳の時である。ただしかし、うめにとって夫幸吉の特許が許された年、そのことを知ってから息を引きとったのは、せめてもの慰めであった。
うめを亡くしてからの幸吉は数多くの若い女性を傍においたが、妻として娶ったのは生涯うめ一人であった。このことは生前苦労をかけた良妻うめに対するせめてもの貞節であり、また妻としてうめ以外の女性を考えることが出来ぬほど、彼女を慕っていたためであろう。

幸吉の長男隆三がその著『御木本幸吉』の中で、このことを「父が家を出る時必ず仏壇を拝んで留守中の無事を祈り、帰ればただちに仏壇を拝し、母の位牌を撫でてその加護を謝したことをよく覚えている。そのため母の位牌の漆が剝落したほどで、今も鳥羽の本宅の私の仏間に残っている。」と語っている。

### 養殖事業の本格化

いわゆる「御木本真珠」の特許が許可されたのを機会に、彼の事業も本格的な段階に入り、またその養殖法技術も一段と進歩した。つぎに掲げる二通の書簡は、義弟久米楠太郎が幸吉宛てに出したものであるが、いずれも特許が許可された二十九年の六月のものであり、その内容から当時の模様をうかがうことができる（御木本真珠会社発行、横浜礼吉編『御木本真珠発明七十五周年』による）。

拝呈、先状申上候貝むきにて介の口明る事は、今の処試験の結果誠に宜敷、是迄の如く自然に相任せ口の明くを待ちて玉入るより死貝少く様に御座候。一昨日より新法を以て玉入を相始め申候処、一日八百個・千個位出来申候。右に付是迄買入の分一万三千余個は本日午前にて入方終り申候。（六月六日付）

予而申上候介口明小刀にてコジ明、試験の結果本日にて一週間に相成候付、内容十個を切り破り候処貝も誠に活発に生活致し居り、玉も七個まで附着致居候。右之結果に付今後此方法を以て玉入仕候。就ては毎日千個に入るるは実に容易之業に御座候。且つ自然に明に比すれば何かに付けて手数大いに省け一大便利を得申候。併此業は実に極秘密に致居候間、御安神被下度候。此仕事に付て之利益、第一、数を多く入るる、二、貝をイタメヌ、三、附着急カナル、四、附着の数、自然明に比して一割位は止り宜敷、五、籠を五－六個づつ掲げ、是を入仕舞又後を止る等、此手数大いに簡単になる。右の外、其便利非常に有之候間、御悦び被下度候。（六月二十八日付）

この二通の書簡から、従来は真珠貝が自然に口を明けるのを待って核を挿入していたが、新しく貝むきの小刀を用いて、無理に口を開けて挿入する方法が採用されており、そのため施術法が簡易化されて一日に一〇〇〇個の貝が処置でき、また核の付着率も七割という好成績をあげていることがわかる。幸吉がはじめて核挿入の試験をはじめたころ、せっかく挿入しても核をはき出したり、また母貝が死んだりしたことから見れば、格段の進歩である。なおこの当時使用した核は、現在のような、なめらかな貝殻製のものではなく、「四日市に於て白の茶かけ種々の玉、四－五個製造可仕候。」（前掲『七十五周年』に よる。幸吉より久米宛ての手紙、明治二十九年二月二十二日付）とあるように、陶製の「粗造の乾燥核」であった。

出資を断り経営の独占を図る

ところで幸吉の真珠養殖法に特許が許され、その事業もほぼ確実になって来ると、出資を申し込んで来る者も出て来た。たとえば明治三十年（一八九七）ごろ、岐阜県の多額納税貴族院議員早川周造、秋田県の同議員最上広胖（いずれも明治三十年選出）など有志の者数名が、彼の事業に年額三〇〇〇円（当時の米価石当たり一一円八八銭）ずつ、五年間出資しようと申し出たことがある。なにしろ当時の真珠は施術後四年間養殖しなければ浜上げができないうえに、そのすべてが必ず商品価値を持つものとは限らない。したがって、この出資の申し出は当時の彼にとって、旱天に慈雨の感があったにちがいない。しかし彼はこの好意には深く感謝の意を表しながらも、きっぱり断っている。

このことは何を物語るのであろうか。ある人は「幸吉の独立自営の精神の発露である」という。なるほどそれにまちがいはない。ただ問題は、ここでいう彼の独立自営の精神の解釈である。彼の意図したことは真珠養殖事業の独占である。すなわちヒモのつく恐れのある出資は、彼の事業独占を制約することがある。

後年、大正の末期、すでに御木本パールの名が世界にひびきわたってからの話であるが、当時の大蔵大臣井上準之助が幸吉にむかって「あなたのように、銀行から金を借りぬ人間ばかりでは、銀行業はなりたたない」と語ったという。このことから彼が銀行からの融資も受けなかったことがわかる。またのちにのべるように三重県内はもちろん、石川・和歌山・長崎各県、さらに南洋パラオ・沖縄などにも養殖場を持ち、また真珠販売店も東京をはじめ国内各地、さらにアメリカ・イギリス・フランスまで支店を出しながら、昭和二十四年（一九四九）まで個人経営で押し通し、その後、経営の近代化のために、はじめて会社組織にしているが、この株式もほとんど同族で占有している。

このことも彼の事業の独占を堅持して行くための執念のあらわれである。前にものべたように、初期における彼の事業資金は、近しい知人をたよっての個人的な、しかも少

はじめて養殖真珠と名付けて天皇に献上

額のものを集めたものである。個人的な少額の借財は個人的にその都度処理ができ、それによって事業独占への制約をうけることはないからである。

明治三十一年(一八九八)十二月、田徳島で、はじめて同二十八年四月に核を挿入して養殖した施術貝を引きあげ、相当量の真珠を得たが、彼はこの時はじめてこの真珠に「養殖真珠」という名をつけた。もちろんまだ貝付半円真珠であるが、その中から優秀なもの五個をえらび、時の曾禰荒助農商務大臣より田中光顕宮内大臣を経て、明治天皇に献上している。この前後の模様を明治三十二年三月十二日号の『時事新報』はつぎのように報じている。

三重県人御木本幸吉氏は……去廿三年中同湾内(英虞湾——筆者)に一の養殖場を設け、尚ほ理学博士箕作佳吉・同岸上鎌吉両氏に就き真珠介に関する学説を聴きて大に発明する所ありたれば、同年九月より更に英虞湾内に神明字(あざ)田徳と称する周囲十数町の無人島に於て其学説を応用して養殖の試験に着手し、幾多の失敗を経たる末二十八年に至りて漸く成績の有望を認めたるより、挙家(きょか)右の弧島に移住して全力を其養殖に集注し居りしが、苦心の効果空しからで昨年十二月始めて第一回の採取を試みたるに、見事な真珠を得たりしかば、之を養殖真珠と名づけ、此程手続きを経て該真珠五個を畏き辺りに献納したるよし。……今一層完全なる球形の真珠を作らしめんと箕作・岸上両氏を養殖場に招きて研究を請ひ、尚農商務省より技手の派遣を得て目下研究に汲汲たりと。……

また同日号の『東京日日新聞』も『時事新報』と同内容の記事を掲げている。

尤も同氏（幸吉）は今一層、円満完美なる球形の真珠を産出せんとて、且て箕作・岸上両博士を其の養殖場に招きて親しく研究を乞ひ、尚農商務省に請願して西川技手派遣の許可を得、目下孜々研究を怠らざるよし。同氏の目的は之を以て貿易品となすにあれば、追々は年々数万個を採収し、盛に海外に輸出する見込なり。

これらの記事から判明することは、彼の真珠養殖法の発明・特許およびその事業化の基礎には、箕作・岸上両博士などの援助と指導があったことと、のちに幸吉の女婿となり真円真珠形成法の発明家となった西川藤吉理学士が、この当時から彼の養殖場に派遣され、真円真珠養殖の研究に従事していたことである。

### 幸吉の養殖事業を指導し協力した人々

なお当時の養殖場の従業員は、亡妻うめの弟久米楠太郎夫妻、幸吉の実弟御木本松助夫妻、森井常蔵夫妻・須藤卯吉などをはじめとする二〇名と、海女二〇名であった。またこの他、のちにのべる真円真珠形成法の発明家の一人である鳥羽の歯科医師桑原乙吉も、その生物学的知識と技術を求められて、三十一年（一八九八）ごろからときどき養殖場をおとずれて幸吉の実験と研究をたすけていた。ただし桑原が正式に御木本に勤務するのは明治三十五年（一九〇二）五月からである（桑原の御木本勤務について、御木本隆三はその著書で三十六年、永井龍男は『幸吉八方ころがし』で何を根拠にしたのか、わざわざ三十六年説を誤りと指摘して二十六年ごろとし、「多徳島養殖所の創立と同時に、鳥羽から島に移住している筈だ。」と記しているが、二十六年当時、桑原はまだ東京の高山歯科医学院生であり、筆者は、桑原自身が記述した『桑原乙吉研究録』の説によった）。

## 二　養殖事業の確立と東京に御木本真珠店

養殖事業の成功と東京への進出

当時の御木本養殖場での真珠採取量については明治三十三年四月、四二〇〇個、価格にして八四〇〇円であったといい、また前掲『御木本真珠発明七十五周年』の、大日本水産会牧朴真より幸吉宛ての書状（明治三十四年十月十二日付）によると、「扨桂総理大臣御夫人大礼服頸飾入用之処、日本の名産たる殊に貴下独得の真珠を以て飾らるる方、日本之総理大臣たる本色たるべく申上候。御採用相成候間……就ては大小（天然真珠も交ぜ）打ち混じ七－八十は入用可有之相考候……」とあり、幸吉の真珠養殖事業も一応、第一段階で成功を見たことがわかる。

### 東京に御木本真珠店を開く

こうして一応事業が第一段階で成功を見ると、幸吉は機を移さず東京にも進出した。すなわち明治三十二年（一八九九）三月、銀座裏の弥衛門町に実弟斎藤信吉を主任として、天然真珠と養殖半円真珠の販売のために御木本真珠店を開店した。ところで彼が東京に販売店を持ったのは理由があった。そのひとつは当時の養殖真珠は半円であり、真珠とはよばれても天然のものとは似て非なるものである。真珠として販売するためには細工を必要とし、そのため販売業者に買いたたかれるおそれがある。そこで自ら販売店を持ち中間利潤の搾取をさける必要があったのだ。しかし、はじめてのこの店は小さいものであり、月一二円の家賃であったという。

さらに彼の東京進出へのもうひとつの理由は、宝石的価値を持ち装身具である真珠を扱い、しかもその養殖技術の発明家としての名声を宣伝するには、国内最大の消費地であり政治・経済・文化の中心地である東京でなければならなかったのである。

この小さな店が現在の御木本真珠店の起源であるが、三十五年（一九〇二）には元数寄屋町に、翌三十六年には銀座の表通りに進出するという成績をあげている。

一方、真珠養殖業も生産面では明治三十三年には前にのべたように四二〇〇個を、三十四年には一万一〇〇〇個を、さらに三十七年（一九〇四）になると一万三五〇〇個、金額にして九万八三〇〇円を採取して順調に発展している。また施術養殖する貝も二十九年以後、一〇万個・二〇万個と増加し、三十五年には実に一〇〇万個を放養するというようにその事業を拡大していった。またそれにつれて、養殖漁場も明治二十六年神明浦で借りた六万坪を順次拡張させ、漁業法の制定・施行（明治三十四年制定、翌年施行）のころには鵜方村・神明村・浜島村の地先にわたる海面約六〇万坪、さらに三十八年には立神村地先海面約五五万坪を借りている。すなわち、一〇年あまりで創業当時の約二〇倍という進展振りである。

### 養殖事業の拡張

また本拠である多徳島（旧田徳島）の施設も明治三十五年には工場・住宅も八棟に、従業員も六〇名に増えている。さらに四十一年（一九〇八）には島内の戸数三四、妻帯して家庭を持つもの二〇戸、寄宿舎に住むもの一一八名、その他、通勤者二〇名を加えると従業者は二〇〇名を越えている。また工場の施設以外にもクラブを設け、さらにテニス＝コートまで持っていた。明治二十六年創設当時無人島であったことを考えると、わずか十数年で急速な事業の進展である。

このように彼の事業が着実に進展していったのは、もちろん彼の、すべてを真珠にかけた努力の結果であるが、その基礎となった最大のものは、明治二十九年に許可された養殖法の特許による技術の独占である。

#### 多徳島と改名

この特許が半円真珠のものであったとはいえ、宝石的価値をもつ真珠の人工的養殖のものであり、しかもその事業化であれば、各方面から大きな関心を持たれたのは当然である。とくに前掲の『時事新報』『東京日日』などにあったように、明治三十一年、第一回の採取により一応の成功を見ると、新しい水産業の振興のためにも、その翌三十二年（一八九九）十月、時の農商務大臣曾禰荒助は公式に御木本養殖場を視察した。このとき曾禰が養殖場の本拠であった田徳島を「徳の多い島とせよ」といったことから、幸吉はこれ以後この島を多徳島と改名して、現在に至っている。

## 小松宮彰仁親王の来場

さらに翌三十三年十二月二十一日には、小松宮彰仁親王まで来場している。時の小松宮は、先きの日清戦争では参謀総長・征清大総督の重職を経て、明治三十一年に元帥府が設置されると、皇族としてははじめてただ一人元帥の称号を賜わった第一級の皇族である。

もともと幸吉は、大日本水産会の会頭でもあった小松宮に、同会の幹事長であった柳楢悦（ならよし）を通じて近づき、明治二十四年に親王から「養真珠」の親書を頂いており、一説によると彼が三十一年の第一回採取の真珠を養殖真珠と名付けたのは、この「養真珠」の親書に因（ちな）んだといわれている。

ところで三十三年が彼の養殖場創設十周年にあたるので、宮家に参上して真珠を献上すると同時に、真珠養殖の実態の御視察を要請した。ところが、たまたま同年十二月二十日、宇治山田町（伊勢市）古市に町立病院が創設され、同時に日赤三重支部の看護婦養成所が同院に併設されたので、当時日本赤十字社の総裁でもあった小松宮が、その開所式に臨席されることとなった。幸吉はこの機会を利用したのである。

開所式の翌二十一日、宇治山田から約二四キロの狭い山道を、小松宮一行は人力車で多徳島の御木本養殖場を訪ねている。皇族が御木本の養殖場を直接視察した、はじめてのできごとである。なおこの時、幸吉は養殖によりできた良質の半円真珠一二個と、小粒ではあるが真円真珠五個を小松宮に献上している。

観光地化された現在とちがい、当時の英虞（あご）湾に浮かぶ多徳島は辺境の地とよぶにふさわしい小島である。その辺境の地に幸吉は、当時の皇族の中でも第一級の小松宮をむかえたのである。各新聞社は、この事件を「活字と輪転機」をフルに使って報道した。彼の自信と満足のほどがうかがえる。翌二十二日、幸吉は小松宮を名古屋まで見送っているが、同地の宿舎で小松宮から赤十字幹部・大島第二師団長・沖愛知県知事らと共に宴席によばれ、さらに御帰京後は「以人工助天工」の親筆を彫刻した銀杯を送られている。

### 世界の檜舞台へ

ところで、この二年後、明治三十五年（一九〇二）四月に小松宮が明治天皇の名代として、六月に挙行されるイギリス国王エドワード七世の戴冠式に参列のため、渡英されることとなったが、この時イギリスの皇族・貴族への贈答品として、とくに御木本の養殖半円真珠を買い上げている。しかも、それをパリで加工したのである。パリで加工・細工された御木本の養殖真珠がイギリスの王室に贈られる。いよいよ彼の養殖真珠も、世界の檜舞台をふむまでになったのである。くしくも、この年は一月に日英同盟が調印され、わが国も世界の檜舞台に躍り出た年でもある。

## 三　積極的に海外進出も図る

海外での各種博覧会に出品

もともと海外貿易は、幸吉の青年時代からの夢であったが、このころから彼は真珠業者としてのミキモトの名を売り込むために、国内だけでなく海外へもできる限りの機会を利用している。つぎに掲げるのは明治年間に彼が自分で養殖した真珠を出品して、最高賞をはじめ各種の賞を受けた外国での博覧会であるが、明治三十年代からはほとんど毎年の出品であり、その意欲のほどがうかがえる。

明治二十六年、米国シカゴ市コロンブス博覧会　同三十一年、ノールウェー万国水産博覧会　同年三十三年、パリ万国博覧会　同三十五年、ロシア博覧会　同三十七年、米国セント＝ルイス万国博覧会　同三十八年、ベルギー－リェジュ博覧会　同年、米国ポートランド博覧会　同三十九年、イタリア－ミラノ博覧会　同四十一年、ロシア－モスクワ博覧会　同四十二年、米国シアトル太平洋博覧会　同四十三年、

ロンドン大英帝国博覧会　同年、チリー博覧会　同年、ベルギー＝ブラッセル博覧会　同四十四年、イタリア＝トリノ博覧会

外国の新聞でもくわしく報道される

このような彼の海外へのはたらきかけに、海外でも反響がおきている。たとえばはやくも明治三十七年（一九〇四）十月九日付けの『ニューヨーク＝ヘラルド新聞』は一ページをさいて「日本の養殖真珠、真珠養殖の過程、御木本の発明」と題して、大きく報道している。その報道内容の主要な部分を乙竹岩造著『伝記御木本幸吉』からみると、

全世界の宝石業者を驚かし……流行に一大影響を及ぼすような一つの珍しい方法が、最近日本において発明された。人工で真珠を養殖する方法すなわち、これである。……この真珠養殖法によって、日本が昨年中に産み出した真珠の数は、じつに二万四千個……御木本氏がこの養殖法を発明実行したのは、今より十四年前すなわち一八九〇年である。……御木本氏は……多徳島および英虞湾に五十万エーカーの真珠養殖場を有し、二百余人の人夫を使って、その発明した方法を実施している。米国第一の真珠商モーリス＝フロワー氏は右の発明を聞き、とくに真珠採取鑑定の熟練者を日本に派遣して御木本養殖場を視察させた。しかし御木本氏の方法は秘密で何人

明治40年ごろの多徳島御木本真珠養殖場

当時はまだ「地蒔式養殖」の時代であるため，潜水夫によって養殖貝を引きあげている模様がわかる

も知ることができず……。フロワー氏の談によれば、養殖真珠は近時ようやく欧米の市場に現われてきたが、その需要は漸次増加するであろう。ただ養殖真珠の一欠点は、その粒が小形で、かつその円形の完全でないこと……。もっとも養殖真珠は人工的であるとの偏見が……上流社会では、まだ十分にその価値を認めていないけれども……年を経るに従って養殖真珠の需要は次第に増加するであろうと。……御木本氏の養殖場に使われている人夫は、多くは女性で、その平均賃金は一日二十五銭ないし

二十三銭五厘……熟練した潜水婦は一日三十五銭を得……

と、くわしく御木本養殖場の状況も報じている。ここまで来ると、彼をとりまく「活字と輪転機」も世界的なものとなった。

積極的に海外に進出

このように海外でも、御木本の養殖真珠への関心が高まってくると、この機を見逃がす幸吉ではない。彼は早速、積極策に出た。すなわち御木本真珠店の関係者を欧米に派遣し、直接その市場の視察・調査を命じている。たとえば、彼は明治三十七年（一九〇四）のセントルイス博覧会に出品したのち、アメリカ合衆国での市場の重要性に着眼し、翌三十八年、当時アメリカ貿易の第一人者であった森村市左衛門（明治初年にはやくも対米貿易を行ない森村組を組織し、のち日本銀行監事・森村銀行頭取その他数十会社の重役を兼ねた実業家で、晩年その功により男爵を授けられた）を通じて、義弟久米武夫をアメリカに派遣し、ニューヨークの森村組支配人の指導の下に、一年間アメリカの市場開発を研究させている。また明治四十三年（一九一〇）にはロンドンの大英博覧会に出品したのを機会に、小林力弥を派遣し、博覧会終了後もロンドンに滞在させて、単なる市場視察だけでなく、真珠の貿易には、従来通り仲買人の手を経て行なうべきか、または支店・代理店を設けて直接販売を行なうべきかの調査も行なわせている。

これらの視察・調査の結果が、まず明治四十四年（一九一一）にロンドンの宝石商の中心市場であったハットン＝ガーデンのダイヤモンド＝ハウスに、英人と共同で支店を設けることとなり、のちの欧米各地の御木本真珠店への第一歩となった。

## 四　貴金属加工工場も経営

ところで幸吉は、真珠が装身具のためのものであるからには、真珠そのものだけの販売では利潤の薄いことも早くから感じていた。そこで明治三十六年（一九〇三）に、当時芝区三田四国町で金銀飾職を営んでいた市川源次郎の町工場を、京橋区築地に移して専属の下請工場とした。これが御木本金細工工場（のちに御木本貴金属工場と改名）の前身であり、四十年（一九〇七）四月一日にはこれを買収し独立させている。ところがこの細工工場を、明治三十六年に専属工場にしたいきさつについて、大正三年（一九一四）に当局に提出した御木本貴金属工場の「概況報告」を見ると、

御木本金細工工場

本工場設立ニ至リシ由来ハ、去ル明治三十五年故小松宮殿下御名代御渡英ノ際養殖真珠ノ御用命ヲ蒙リシガ、其後御帰朝ノ節、巴里（パリ）ニテ同真珠ヲ以テ製作ノ細工品ヲ

調度局ニ於テ拝見セシトキ、美事ニ細工シ出来上リテコソ国利ヲ増スモノナレトノ御説諭ヲ承ケタル時ニアリ。

とあり、その間の事情がうかがわれる。

なお前述のごとく明治四十年には、市川の町工場を買収して御木本金細工場を独立させているが、初代工場長には幸吉の実弟斎藤信吉をおき、技術者は市川源次郎以下六名、事務員一名という小規模なものであった。彼が真珠を用いた貴金属細工製品を発表したのは、明治三十六年、大阪市主催の第五回内国勧業博覧会に出品した一五金製の指輪・襟飾・襟留・帯留がはじめてである。しかし、やがて古い飾職人によるデザインでは外国人むきではないことがわかると、明治四十一年に工場を麴町区内幸町に移転・拡張し、さらに同四十三年(一九一〇)には新しい技術者小林豊造を二代目工場長としてむかえ、さらに工場内に図案室も設けて、製品の洋風化を積極的にすすめた。

小林豊造を工場長としてむかえる

小林豊造は明治三十六年に文部省より派遣されて、欧米の貴金属技術を視察・研究した東京高等工業学校の教員であり、また当時もっとも新しい洋風装身具製作で有名であった村松万三郎商店の顧問も兼ねていた。ちなみに村松万次郎はすでに維新前から一流の金工家であったが、明治に入ってからは、はやくも新しい技術を受け入れ、指輪から時計の製作をも手がけ、さらに白金溶解法・伸縮時計鎖などを発明した人物であり、その製品をパリ万国博覧会をはじめ各種博覧会に出品して、最優秀賞をはじめ各種の賞をうけた、わが国金工芸業界の先覚者であったが、明治四十一年一月に死去した。ここでも幸吉は、村松の死という機を見逃すことなく、その顧問であった小林を当時の東京高等工業学校長手島精一に依頼してむかえ、洋風装身具技術の導入を図っている。こうして四十三年に小林を工場長としてむかえた幸吉は、早速その年の七月に彼を洋風の高級装身具技術の視察とデザインの研究のため欧米に派遣しているが、とくにこの時彼にベルギーのアントワープ市のダイヤモンド加工研磨工場も見学させ、その加工研磨技術の習得と、さらに当時、門外不出とされていた同工場の、ダイヤモンドをはじめ各種宝石研磨機械も購入させている。この幸吉の機敏さと積極策の結果が、前述の海外における各種博覧会での成果としてあらわれて来るのである。

かくして幸吉は、明治三十年代から四十年代にかけて、特許権に護られて技術を独占する真珠養殖業者として、またそれを基盤とする真珠販売業者として、さらに真珠およ

木綿の紋付で明治天皇に拝謁

び宝石を加工・細工する貴金属加工業者としても、その地位を確立して行くのである。

## 五　明治天皇に拝謁

こうして「天下の御木本」から「世界のミキモト」としての地位を確立して行くころ、またもや幸吉にとって、またとないチャンスが到来した。明治三十八年（一九〇五）のことである。この年、日露戦争がわが国の勝利のうちにおわり、九月にはいろいろな問題をふくみながらも講和条約が調印されたので、明治天皇はその奉告のため十一月十六・七日と伊勢神宮に親拝されることとなった。

ところでこの行幸にあたり、三重県では植林事業家として尾鷲の山林地主土井八郎兵衛、排水・耕地整理事業家として桑名の大地主諸戸清六、そして真珠養殖事業家として御木本幸吉の三名が、天皇に拝謁してそれぞれの事業の大要を言上することとなった。土井は古くから全国的に有名な大山林地主である。諸戸は大隈重信の知遇を得て、その助言で西南戦争のインフレ期に米の買占めで産をなした大地主である。

十七日、三名は宇治山田町（伊勢市）の行在所（神宮司庁）に出頭したが、この時の幸吉の服装は、丸に珠の字の紋をつけた木綿の紋付に袴と山高帽であった。

この行幸に際して、三重県庁が出した心得書を見ると、拝謁者については特別の規定は見当たらないが、プラットホーム内奉迎者ですら、服装はフロックコートにシルクハットと定められている。ましてや天皇に拝謁・言上する幸吉が木綿の紋付である。当時の有松三重県知事は、この幸吉の服装を見ておどろき「フロックコートか、せめて絹の紋付でも無いのか」と注意したが、幸吉は平然と「私は絹物は着たことはないし、若い頃フロックを着たことはあるが、あれは借り物でした」と答えたという。およそ人を喰った、いかにも幸吉らしい言動である。名をなすまでは借り物でもフロックで人に接する必要があるが、「天下の御木本、世界のミキモト」の地位を確立した現在では、借り着でない木綿の紋付の方が幸吉らしいというのである。

拝謁直前に、とやかくいってもどうにもならないということを計算した上での予定の行動である。礼服やフロックコートで身を固めた伏見宮貞愛(さだなる)親王・桂太郎総理大臣・田中光顕宮内大臣その他各大臣などをはじめ高位高官の中でただ一人、木綿の紋付に山高帽という異様ないでたちの幸吉である。いかにも彼らしい演出ではないか。その自信の

明治天皇に大見得をきる

ほどがうかがえる。今もなお鳥羽の御木本真珠島に傲然と立つ、山高帽をいただいた幸吉の銅像の面構えを見るがよい。

ところが、さらに幸吉は、いならぶ人々をはらはらさせることをおこしている。三名の者は、あらかじめそれぞれの事業の大要を、五分間の予定で言上するように定められていた。土井は約三分、諸戸は約七分で言上をすませたが、幸吉は田中宮内大臣を通じて天皇から「養殖真珠に励むのは、なみなみならぬ苦労であろう」との御言葉を頂くと、ここぞとばかり予定の五分をこえても平然としゃべりつづけ、かたわらの有松知事がはらはらして幸吉の脇腹をついてやっと止めさせた時は、一七分もたっていた。

さらにこの時、彼は天皇に「かならず真円真珠養殖を完成してお見せします。」「世界中の女の首を真珠でしめてごらんにいれます。」と大見得を切ったといわれている。ところで彼の真円真珠完成云々の大見得は決して単なる「大ボラ」ではなかったのだ。当時のちにのべるように、彼の養殖場に勤務していた桑原乙吉と女婿西川藤吉による真円真珠の研究が完成直前にあったからで、それを頭に入れてのことである。

この拝謁の時の模様を幸吉は晩年、徳川夢声に、わたしは〝世界中の女の首を、真珠でしめてごらんにいれます〟と申し上げたら、うしろにおった知事にひっぱり出されてね。どうです、今日……世界の女の首をしめるという段取りがついた。明治天皇は地下で〝やったね〟とおっしゃるかも知れない。

と語っている（前掲『週刊朝日』「問答有用」）。「世界中の女の首を真珠でしめてみせる」とは生前、彼が好んで人に放った言葉であるが、この拝謁のときは明治天皇に実際に言上しているかどうかは明らかでなく、近親者である御木本隆三・乙竹岩造の両伝記にもない。これも案外『週刊朝日』と徳川夢声のうしろにある「活字と輪転機」を意識して、ぶっぱなした放言であるかもしれない。

幸吉は、この拝謁に際して「養殖真珠の銀色・瑠瑙色・桃色それぞれ十二個」と「銀色附着介・瑠瑙附着介・桃色附着介それぞれ一個」および「真珠養殖場海面図」「真珠貝採取の写真」「養殖真珠沿革及現況大略」「特許明細書」を献上し、また同時に宮内省から「真珠加工のカフス釦（ボタン）一個」（一二〇円）と「同指輪一個」（一五〇円）を買上げられている（前掲『御巡幸紀要』）。

そして翌三十九年（一九〇六）六月、幸吉は内閣賞勲局から真珠養殖と真珠の海外輸出に関する功績により、緑綬褒賞を授与されているが、これによって彼の事業は、ついに公式に国家から認められることとなったのである。

# 第七　御木本の技術独占への抵抗と真円真珠への道

## 一　特許権侵害事件と反御木本派結成

このように幸吉の真珠業が、着実にその基礎を固め、さらに発展してきたのは、彼の機敏な商法と積極策もさることながら、何んといってもその基礎に特許第二六七〇号「真珠素質被着法」という特許権があったからである。

特許権とは、もちろんその発明した原理および技術の独占を法律的に護るものである。彼はこの特許権に護られて、その技術を独占し事業を発達させたのであるが、それと同時に、これによって古くから宝石的価値を持つ真珠を、世界ではじめて人工で養殖する男、ミキモトというトレード＝マークを国内外に売りこんで、天然真珠をふくめての真珠販売に一〇〇パーセント利用したのである。

特許権侵害事件

ところが、間もなく幸吉の技術独占にも、ひびが入ることとなった。すなわち明治三十八年ごろから、三重県飯南郡松阪町（松阪市）の長束七郎、度会郡南海村（南勢町）の北村重吉の二人が共同し、また三十九年ごろから、度会郡南海村の北村幸一郎が単独で、南海村迫間浦でそれぞれ蝶貝製の球または半球、数千個および一万数千個を真珠貝に挿入して養殖するという事態がおこった。

この事態を知った幸吉は、ただちに三名の行為を特許権侵害刑事事件としてとりあげ、安濃津地方裁判所に告訴した。

北村幸一郎像

ところがこれに対して長束・北村ら三名は、特許局に御木本特許の方法および原理の大部分は公知・公用のものであり、われわれはこの公知・公用の部分を利用して養殖したものであるとして、御木本特許の「特許権利確認」と、さらに同特許の「無効審判」をも請求して対抗した。

しかし刑事事件の方は明治四十四年

（一九一二）、安濃津地方裁判所より三名に対して体刑三ヵ月の判決が下されて、第一審で長束・北村らの敗訴がきまった。また特許審判請求事件も、特許局のたびたびの審判の結果、三名の申し立ては却下されて、ここでも長束・北村らは不利な立場に立たされることとなった。

**長束・北村らの主張**

ところで、この事件をもう少し詳しくのべる必要がある。まず前掲の御木本特許第二六七〇号「真珠素質被着法」の明細を、もう一度ながめ、これを要約・整理すると、つぎのようになる。

㈠　ガラスか貝殻、またはこれらと同じ用をなす物質で、球または一ヵ所切落した球（半球を核として用いるのは核が貝に付着しやすくするため）を、

㈡　食塩で磨くか、または濃厚食塩水に浸して、

㈢　生きた真珠貝の外套膜と貝殻との間に挿入して、真珠素質を被らせる方法

ところで長束・北村らの主張は、この㈠と㈢の方法は、すでに「今ヲ去ル三百年ノ昔ヨリ、支那人ノ普ク行ヒタル所（いわゆる仏像真珠の方法――筆者付記）又欧米各国ニ於テモ、盛ンニ行ハレツツアルコトナリ。我日本ニ於テモ、本件特許出願以前諸ノ刊行物（のちに記した控訴院に証拠物件として提出した文献を参照され

たい。――筆者）ニモ記載セラレ一般世人ノ之ヲ知了シ、且ツ公ニ行ヒツツアル所ナリ。」（「審判第一三八二号審決書写」より）というのである。すなわち、彼らはこれら㈠と㈢の方法はすでに公知・公用のものとして、御木本特許の範囲には含まれず、同特許の範囲は、わずか㈡の方法「本件特許ノ主要部分ハ全ク食塩処理ノ点」（「抗告審判、第一四八審決書写」より）のみにあるとし、さらにわれわれは、この㈡の方法をとっていないから、特許権侵害にはあたらないと主張したのである。

長束・北村らは、このような趣旨をもって、御木本特許の「権利確認審判請求」（食塩処理の方法だけが、御木本の特許の範囲であるとの、確認を請求）、および同特許の「無効審判請求」（食塩処理は核を挿入するのに、特別に必要としない。したがって、同特許は無効であるとの請求）を、明治四十二・三・四年と、たびたびくりかえしたが、なぜか特許局はその都度、それを却下した。

参考までに、長束・北村ら三名が、刑事事件に関して名古屋控訴院に提出した証拠文献を示すと、つぎのとおりである。

㈠ 西暦千八百五十九年独逸ライプチ市刊行、ヘスリング著『チーペルムル　エンドイールベル』

㈡ 明治廿六年三月農商務省公刊水産調査報告第一巻及明治廿九年三月発行第四巻

㈢　明治十六年三月大日本水産会発行会報第一三号及明治十七年三月会報第二四号
㈣　農商務省水産局纂訳明治廿三年十一月二十七日大日本水産会発行欧米水産製造法
㈤　明治廿三年四月一日原亮三郎発行水産製造全書前編
㈥　農商務省水産局員川原田盛美演説筆記明治廿三年七月二十五日静岡県発行水産改良説　第二編
㈦　明治三十三年五月十日農商務省水産局発行日本水産史
㈧　明治十四年十一月開拓使発行海産編
㈨　塚本道造著水産学　文部省著水産学校教授要項　国光社発行水産製造論　興文社発行水産動物学

これらの文献は、この事件以前にわが国で一般に見られる刊行物であり、このほか、物的証拠として中国の仏像真珠も提出している。

また、仏像真珠の所蔵者である横浜市の伊藤さいの証言も提出し、その請求の中で御木本特許は箕作博士など、いわゆる学者グループから教授された方法であるとも、申し立てている。

ところで、この食塩処理の方法については幸吉自身もつぎのような陳述をしているのである。

すなわち、「審判第一三八二号審決書写」をみると、

被請求人(御木本幸吉)ガ……予審廷ニ於ケル記事中〃清水デモ濡シテアレバイイノデス〃ト明白ニ陳述セルニ見ルモ、食塩使用ハ全ク必要ナキコト明カナリ、従ツテ本件特許ハ其ノ実施ニ必要ナラザル項ヲ故意ニ、明細書ニ記載セルモノ、

とある。このことは、幸吉みずから、食塩処理の方法を否定したことになる。

しかし、特許局は御木本の核挿入の方法も、食塩処理の方法も特許として有効と審判し、前にのべたように長束・北村らの請求を却下した。

## 長束も特許出願で対抗

これに対し長束七郎は、明治四十三年(一九一〇)十月左記のような内容の特許を出願することによって対抗した。

硝子・陶器・錫鉛・介殻等ニテ球形又ハ半球形ノ核ヲ作リ、真珠介ノ外套膜ト介殻トノ間ニ挿入シテ、核ニ真珠質ヲ被着セシムル方法(「特願第五七一六号特許願写」より)

しかし、不思議なことに、特許局はこの長束の特許出願に対しては、

> 本願ノ如ク……ニテ作リタル球形又ハ半球形ノ核ヲ、淡水介ノ外套膜ト介殻トノ間ニ挿入シ、真珠質ヲ被着セシムルコトハ、多ク支那地方ニ行ハレ、本願前帝国内ニ於テ普通知ラルル所（例而（たとえば） ヘツスリング著チーベルムエルニウントイールペルシン第三三八頁等ノ記載）アルヲ以テ、本願ハ特許法第四条ニヨリ新規ナラザルガ故ニ、同法第一条ニ該当セザルモノト認ム。（「特許願第五七一六八号拒絶査定謄本写」より）

と拒絶の査定を下したのである。

この特許願を却下した理由は、核を真珠貝の外套膜と貝殻の間に挿入して、核に真珠質を被着させ真珠を人工養殖する方法は、すでに中国でも古くから行なわれ、公知・公用の方法である。従って、別に新しい方法でないから、特許を与えることは出来ぬというのである。

### 不思議な長束出願の特許却下の理由

それでは、いわゆる御木本特許の特許範囲について、特許局はどのように考えているのであろう。この点が、大変微妙なところである。

長束の特許を却下した理由からすると、御木本の特許も、核を挿入することに特許を認めることは出来ぬはずである。そこで御木本特許の範囲は、結局のところ核を食塩で処理することだけに限られることとなる。

ところが、食塩処理の方法だけが、御木本特許の範囲とすると、その方法を用いていない、長束らの方法を特許権侵害とする当局の見解と矛盾することとなる。

そこで、特許局はこの点に関して、まことに苦しい理由づけを行なっている。すなわち、御木本特許では、核を挿入することと、食塩で処理することの二つの方法を組合わせたところに、特許を認めたのである。そして、さらに「組合ハセ中、或ル部分ヲ除去シ、其余ノ部分ヲ使用スルハ、特許権ノ侵害トナラザルモノトセバ特許権ノ効力ハ非常ニ薄弱ナルモノトナリ、発明保護ノ精神ヲ没却スルニ至ルベシ。」(「抗告審判第二四八号」より)としている。

まことに、不思議な論理ではないか。食塩処理の方法を、特許の根拠としたが、その方法に、公知・公用の方法である核を挿入するということを組合わせて特許を与えたのである。そして、この組合わせそのものが特許であるから、いくら公知・公用の法であっても、核を挿入する方法で養殖すれば、特許権侵害となるというのである。第一、特許の根拠とした食塩処理の方法の価値は、前述のごとく幸吉みずからが否定しているではないか。

この見解で行くならば、真珠貝の口を開いて、核を挿入するいかなる方法も、御木本特許の侵害となるわけである。もっとも、特許局はこのほか、御木本のいわゆる「一ヵ所切落しの球」、すなわち半球の核は、御木本の考案したる特許のものであるともしている。

なお、この審判における御木本の代理人として、特許弁理士をつとめたのは後に司法大臣・枢密顧問官になった原嘉道である。

### 刑事事件は大審院で無罪

ところで特許権侵害の刑事事件の方は、どうなったであろうか。第一審は安濃津地方裁判所で長束・北村ら三名に、体刑三ヵ月の判決があったことは前にのべた。

長束・北村らが、これを不服としたのは当然である。ただちに名古屋控訴院に控訴の手続きをとったが、翌四十五年(一九一二)六月二十四日の裁判の結果、控訴院は「原判決ヲ取消ス。被告ヲ各無罪トス」との判決を下した。そしてその理由としては、まず、

媒介物(核のこと)ヲ真珠介入ニ挿入シテ真珠質ヲ被着セシムル方法(人工真珠養殖法)ハ御木本幸吉ガ特許ヲ得タル時、即チ明治二十九年一月以前ニ、公刊物ニヨリ公表セラレテ、公知・公用ニ属スル事項ナルコト……証拠ニヨリ明カナルガ故ニ、御木本幸吉ノ

特許範囲ハ、食塩ヲ以テ磨クカ、又ハ濃厚食塩水中ニ浸ス点ニ、特許ヲ与ヘタルト認ムルヲ相当トス。

とし、また、核については御木本の「一ヵ所切落しの球」、すなわち、正半球または小半球を使用することも、すでに公知・公用のものであり、御木本が考案した独特のものではないとした。

そして、結論としては、「被告等(長束・北村ら)ガ食塩ヲ以テ磨キ、又ハ食塩水ニ浸ス等ノ方法ヲ用ヒタル事実ノ認ムベキ証拠ナキヲ以テ……」(「名古屋控訴院判決写」より)としている。すじの通った判決である。

しかし、この判決を不服とした検事側は、検事長手塚太郎の名で大審院に上告、ついに事件は大審院まで持ち込まれたが、大正元年(一九一二)十一月五日の最終判決で、この上告は棄却され、長束・北村ら三名の無罪は確定され、刑事事件は解決を見た。

このことにより、これまで統一を欠いていた御木本特許の範囲を、幸吉自身も、特許審判の予審で不必要と認めた「食塩処理の方法」のみに限ると、法律的に確定したことになったわけである。

### 反御木本派の結成

ところが、長束・北村らの特許権侵害事件は、真珠業界に大きな波紋をよぶこととなった。

幸吉は、長束らを特許権侵害で告訴すると同時に、明治四十四年(一九一一)で特許の期限が満了するため、さらに一〇年間の期限延長を計画し、その前年である四十三年からあらゆる方面に手を打った。

彼の事業の独占の基礎となった特許であり、つぎの段階の真円真珠養殖方法が完成される直前だけに、どうしても確保しておかねばならぬ特許権である。長束・北村らの事件も、さらにのちにのべる見瀬辰平の真円真珠養殖法の特許出願に対する妨害も、幸吉の事業独占化のためのものである。

長束・北村らの事件で、特許局の御木本擁護の実態が明らかになった時に、幸吉の期限延長運動がおこされたのである。このままでは、特許局によって期限延長が認められることは明らかである。

そこで、明治四十三年二月、全国の真珠業者の中から反御木本派が結成され、時の大浦兼武農商務大臣に対し、つぎのような請願書を提出し、さらに、全国真珠業者集会を開き、猛烈な反対運動をおこした。

……御木本幸吉ガ、斯ノ如キ特許ヲ得テ十五ヶ年間、利益ハ已ニ百万円ニ近シト云フ。然ルニ、利益ヲ隠蔽シテ惨忍ニモ、明年二月ニテ特許満了ヲ継続セント種々方策ヲ求メテ、其ノ要路ニ奔走中ノ趣、詢（まこと）ニ憤慨ニ堪ズ候。思フニ明治四十二年勅令第二百九十八号ニ於テ存続期間相当ノ利益ヲ得ルコト能ハザル場合ニ限リ、制限的ニ継続ヲ特許スルモノニシテ、本特許ノ如ク已ニ多額ノ利益ヲ享ケタル以上ハ、最早一般世上競争ニ委シ、一層優等ノ改良ヲ考研セシメ、輸出ノ途ヲ一層強大ナラシムルガ、水産発展ノ途ヲ得タルモノト信ズルナリ、全国ノ万人ヲ犠牲ニ供シ、一名ノ為メ不幸到底忍ブコト能ハザル次第ナルヲ以テ……追テ全国同業者集会ヲ以テ、更ニ陳上可仕候。（「請願書写」明治四十三年二月）

### 営業の自由を求める業者

御木本幸吉の事業独占に対して「営業の自由」を求める運動である。

そして、この運動は単なる請願運動にとどまらず、さらに積極的に問題の核心は、御木本と結びつく特許局にありとして、特許局審査官以下の官僚への排斥運動にまで発展した。この運動は功を奏し、同局の審査官・事務官の大更迭が行なわれることとなった。

そしてその結果、特許侵害刑事事件の無罪確定とともに、御木本特許の内容は事実上無効の状態となった。

すなわち、ここに真珠養殖業の「営業の自由」は確立されることとなったのである。この運動の中心となったのは、長束・北村らはもちろん、のちにのべる見瀬の真円真珠養殖法の特許出願にもからんでいたため、見瀬辰平をはじめ横山寅一郎、また大久保忠礼・西岡弥太郎など当時の真珠業界の代表的人物である。また学者グループでは、見瀬辰平の研究・発明のよき理解者であった岸上鎌吉博士が蔭の後援者であったという。

この結果、幸吉はその事業の基礎となった、技術〔特許〕の面で、その独占をくずされることとなった。

これ以後「営業の自由」を認められた業界では、技術の進歩特に真円真珠養殖技術の確立――これこそ、真の意味における真珠養殖の技術の確立――が見られることとなった。このことに関して、真円真珠養殖技術の発明家の一人である見瀬辰平は、その手記の中で、「真珠養殖界の為め、慶賀して止まざる一大壮挙なり」〔『見瀬辰平手記』より〕とのべている。

幸吉は障害をのりこえて事業を拡張

## 二　真円真珠養殖法への道

いわゆる長束・北村らの特許侵害事件に端を発した一連の反御木本運動によって、幸吉の目論んだ技術独占＝養殖事業独占は、その一端を破られることになり、またその間、明治三十八年（一九〇五）一月より三ヵ月および同四十年九月の二回にわたる赤潮の発生による大被害により、幸吉は東京の私宅などを売り払わねばならぬというほどの大きな障害につきあたった。

しかし、このような障害に会いながらも、彼は前述のごとく、かえってこの時期に真珠に関する各事業の地位を確立していったのである。しかも彼はこの障害の中から、つぎへの飛躍のチャンスまで握るのである。

たとえば明治三十八年の赤潮の発生では、養殖中の母貝一〇〇万個のうち実に、八五万個を殺してしまうという、大きな被害をうけたが、この被害調査のため東京帝大学者グループの推薦で、農商務省技師であり、すでに幸吉の女婿でもあった西川藤吉理学士の派遣をうけている。そして幸吉はこれを機会に、西川を正式に養殖場にむかえて、真円真珠養殖法の研究をさせるのである。

また、これより先き明治三十五年から、すでに桑原乙吉が鳥羽の歯科医院を廃業して、正式に御木本養殖場に勤務し、真円真珠養殖法を研究・実験していたが、三十八年の赤潮大被害による死貝の中から桑原が実験施術した大粒の真円真珠五個が見つかり、一応の成功を見るのである。そして、この方法は翌三十九年に御木本幸吉の名で出願され、四十一年に特許された(特許第一三六七三号・真珠素質被着法)。

そして、この特許を機会に第二の養殖場を度会(わたらい)郡の五ヶ所湾にえらび、明治四十一年(一九〇八)、七月より四ヵ月をかけて、三八〇町歩の地と一八七万坪の海面を、五ヶ所村漁業組合から借入れ、真珠母貝五〇万個を飼育して真円真珠養殖を計画している。

御木本真珠店銀座に進出

また東京の真珠販売店も明治三十六年(一九〇三)には、銀座四丁目に進出しているが、その店舗の模様は宝石的価値を持つ真珠製品を扱う店にふさわしいものであった。すなわち明治四十一年、雑誌『商業界』は「東京商店評判記」と題してその模様をつぎのように記している。

御木本真珠店は模範的店舗を有し……清雅な色彩の配合と鏡の反射による光輝は能

くその商品の性質と一致して限りなき貴さを示し……見るからに奥ゆかしく思われ、この店舗を銀座第一のものと称揚するに躊躇しないのである。

なお彼の特許にもとづく技術独占は破れたとはいえ、かえってそのため「営業の自由」と「一獲千金」を求めて、これ以後、続出して来る弱小資本養殖業者の産出する、粗悪真珠が市場に出れば出るだけ、すでに国内外に売りこんだ発明家御木本の名を冠した真珠は、逆に一層の信用を獲得するのである。宝石的価値を持つ真珠を扱う商人として、彼はその商法を明治三十九年の『工業所有権雑誌』に「真珠販売上の抱負」と題してつぎのように語っている。



僕は養殖真珠を初めて売出した時から、その商略についていろいろ考えた。そして採取した真珠の十分の二以上は市場に出さないことにした。十分の二以上というのは、価格がいつも三円以上の物に限るという意味なので、一円や二円や二円五十銭位までの品は、みな土の中に埋めてしまって、決して売りに出さないのだ。

宝石である以上、それは良質で美しく、しかも稀少価値を持つべきである。とくにその扱う真珠が人工養殖真珠であるだけにとった厳選主義であったのだ。

ちなみに大正三年に銀座の御木本真珠店が出した『営業概況報告書』によると、大正元年（一九一二）の年間全売上高は三五万五〇〇〇余円（この年の米価、石当たり約二〇円）、来店者は五三六九人（うち外国人三一二九人）、翌二年は、売上高四一万三五〇〇余円、来店者八五四五人（うち外国人六六三三人）に達している。大正元年は明治天皇崩御のため、とくに装飾品など奢侈品の売買が遠慮され、関係業種の営業が不振に見舞われた年であるにもかかわらず、銀座の御木本真珠店だけでもこれだけの売上げを保っているのである。

このような彼の商法による商業利潤が、特許侵害事件とならんで、二度にわたる赤潮発生による大被害という危期を救っているだけでなく、前述のごとく貴金属工場も、養殖場もかえって拡張させているのである。ところで実は、ここに現在の業界でも通用する真珠業経営の特徴が存在するのである。すなわち現在の業界でも御木本をはじめトップクラスとよばれる業者は養殖場を持ち、養殖業を看板にしながらも、実は真珠の仲買・加工・販売に重点をおく商業資本家的経営をとっており、むしろその商業利潤で養殖事業を維持しているものが多いといっても過言ではないのである。

# 第八　真円真珠養殖法の発明家と御木本

## 一　真円真珠養殖法の発明家

御木本をはじめとする、当時のひとびとの養殖した真珠は貝付半円真珠、すなわち半球状のものであり、たとえ真珠層で被われていても、それは天然真珠とは似て非なるものである。真珠とは文字通り真球のものでなければならない。真円真珠養殖の強い要求と研究への関心が高まってくるのは当然であるが、明治三十年（一八九七）代から見瀬辰平・西川藤吉・御木本幸吉・桑原乙吉ら数名の先覚者によって、それぞれ研究が開始され、大体同じ時期にその養殖方法が発明されることとなった。

ところで筆者はあえて、これらの先覚者の中から、発明家として世上一般に信じられている御木本幸吉の名前を除いて、つぎの三名に焦点をあてることにする。その理由はつぎに明らかにするが、所詮研究・発明というようなことは、東奔西走しなければなら

真円真珠発明者頌徳碑（国立真珠研究所，志摩郡阿児町賢島）
昭和32年に真円真珠発明50周年を記念してたてられた。ここには桑原乙吉の名は刻まれていない。

ない実業家や商人の役割ではないのである。

さて三名のうち、三重県志摩郡的矢村渡鹿野（磯部町渡鹿野）の人、見瀬辰平（一八六〇～一九二四）は「御木本氏の養殖せる介附真珠を真珠として認むるものにあらず、八面玲瓏たる真珠を生産してこそ真珠として、聊か世界に誇るに足る」（『見瀬辰平氏手記』）として明治三十五年（一九〇二）ごろより、的矢湾において真円真珠養殖の研究をはじめている。

また西川藤吉（一八七四～一九〇九）は明治三十年（一八九七）東京帝国大学理科大学動物学科を卒業し、農商務省水産局に奉職、神奈川県三崎および兵庫県福良において、前記の箕作および飯島魁博士（東京帝国大学教授・三島臨海実験所長）の指導により真珠養殖の研究に従い、のち三十八年（一九〇五）に御木本養殖場に移って本格的に真円真珠養殖の研究を続けた。

さらに桑原乙吉（一八七〇〜一九四七）は志摩郡鳥羽町において歯科医院を開業中、その生物学的知識と技術を買われて、明治三十一年（一八九八）ごろから御木本養殖場に出入し、三十五年（一九〇二）正式に勤務、真円真珠養殖の研究をはじめた。

そこで、これら研究者の業績を尋ねて、彼らと御木本との関係および真円真珠養殖技術の創設期の模様を探ってみよう。

## 二　見瀬辰平の研究

見瀬は明治十三年（一八八〇）三月十六日森本岡平の四男として、三重県度会郡神原村（南勢町）に生まれた。十一歳の時、志摩郡的矢村渡鹿野の見瀬弥助の養子となり、しばらく船大工の徒弟また料理人の修業を行なった。

ところが養父弥助が海外の真珠に興味をもち、明治二十七年（一八九四）よりオーストラリアの西沿岸において真珠の採取と調査を行ない、二十九年に帰国した。この養父の帰国談から刺激をうけた辰平は真珠に関心をもち、明治三十三年（一九〇〇）ごろから真珠養殖技術の研究に入った。この場合の彼の関心はあくまで「八面玲瓏たる」真円真珠の養殖にあった。

ところで彼の場合も幸吉同様、基礎的な生物学的知識の持ち合わせがない。そこで彼はその学問的・技術的指導を、三重県水産試験場に求めている。なお当時の水産試験場は農商務省水産講習所（現東京水産大学）の出身者で占められていた。御木本幸吉が東京帝大の学者の指導を受けたのに対して、見瀬の場合は水産講習所系の指導を受けたということになる。

**見瀬は的矢湾で研究**

ところでまず問題は養殖のための漁場である。古くから真珠の適地であった英虞湾は、すでに御木本によって独占されていた。そこで見瀬は一応、的矢湾を予定地としたが、この湾では古くから天然真珠を見ることは稀であり、彼もはじめは的矢湾を真珠養殖の適地とは考えていなかったようである。

しかし明治三十五年（一九〇二）四月、三重県水産試験場の菖蒲治太郎場長、同技手川端重五郎（のち滋賀県水産試験場長となりわが国淡水魚養殖学の権威）などに、同湾の調査をうけ、真珠養殖にとっての適地であるとの報告をうけることができた。そこで早速、同年五月、神明村から真珠貝一万五〇〇〇余個を的矢湾に移殖し、実兄の森本寅平、義兄の森本要助より資金および労力の援助をうけて、本格的に真珠母貝養殖と、真円真珠養殖の研究に従事することとなった。

そして翌三十六年には度会郡浜島村より五万三〇〇〇余個、さらに三十七年には八万五〇〇〇余個の真珠貝を移殖した。この段階で彼は本格的に真円真珠養殖の研究に入ったとはいえ、営業的にはやはり、真珠母貝養殖を主たる事業としたのである。

容易に認可されぬ漁業権

ところがこの間、明治三十四年(一九〇一)に、新しく漁業法が制定され、翌三十五年より施行されることとなった。この法律によると、真珠養殖は区画漁業権に、真珠貝の採捕は専用漁業権に指定され、業者はそれぞれの権利の認可申請をすることが必要となった。

そこで見瀬は、渡鹿野漁業組合にはかり、明治三十七年(一九〇四)に組合の名儀で区画漁業権の認可申請を行ない、同時に権利認可のうえは組合より同権の貸付を受ける契約を取りかわした。この契約で組合は、見瀬の事業が研究の段階、五ヵ年は無料で貸付けるという好意を示している。

ところで、ここに不思議なことがおこった。すなわち、この申請に対して三重県知事

見瀬辰平像
和服・フロックともに 26 歳当時の見瀬で，いかにも派手好みの彼らしい。

は（区画漁業権認可権者は知事）容易に認可を与えようとしなかったのである。一方、この法律施行と同時に、御木本は英虞湾のほとんどに漁業権を許可されている。御木本に認可を与え、見瀬側の申請を認可しなかった知事の理由は、英虞湾とことなり的矢湾は真珠貝の産地・生息地でないからという点にあった。すなわち養殖の適地として認めることはできぬというのである。

ここで、もう一度当時の御木本をふりかえって見る必要がある。すでに当時の御木本は、真珠養殖家として国家的にも認められており、またそれと並行して、彼の事業独占に関するあらゆる手段は打たれていた。すなわち見瀬側の申請が容易に認可されない裏には、御木本の意思がはたらいていたと考えられるのである。

しかし認可をしぶる三重県の表面上の理由は、見瀬にとって決して不利ではなかった。彼には先年、県の機関である水産試験場の調査報告がある。そこで彼は、この報告書と菖蒲場長の意見書をそえた請願書を持って、直接県の係官、さらに知事にも面談した。その結果、翌三十八年（一九〇五）には区画漁業権認可をうけることができた。

### 見瀬の研究成功

ところでこの間、見瀬の真円真珠養殖の研究は、明治三十六年（一九〇三）六月に、一応の成功を見ることとなった。彼は研究の結果、真珠貝の外套膜の組織内に核を挿入することにより、真円真珠が形成されることを発見したのである。

そこで彼は、その方法によって出来た真円真珠をたずさえて、翌三十七年（一九〇四）に上京し、水産講習所伊谷以知二郎教授と東京帝国大学岸上（きしのうえ）謙吉博士を訪ね、その意見を求めた。岸上と伊谷は学界・業界ともに、久しく待望の問題であっただけに、見瀬に絶大な賛辞をおくるとともに、一層の研究をのぞんだ。とくに伊谷教授は、この機を逃さず特許を獲得することもすすめた。

ただ見瀬のこの時の真珠は、〇・五ミリの銀製の核を挿入し一年を経過したものであ

見瀬の特許出願は却下される

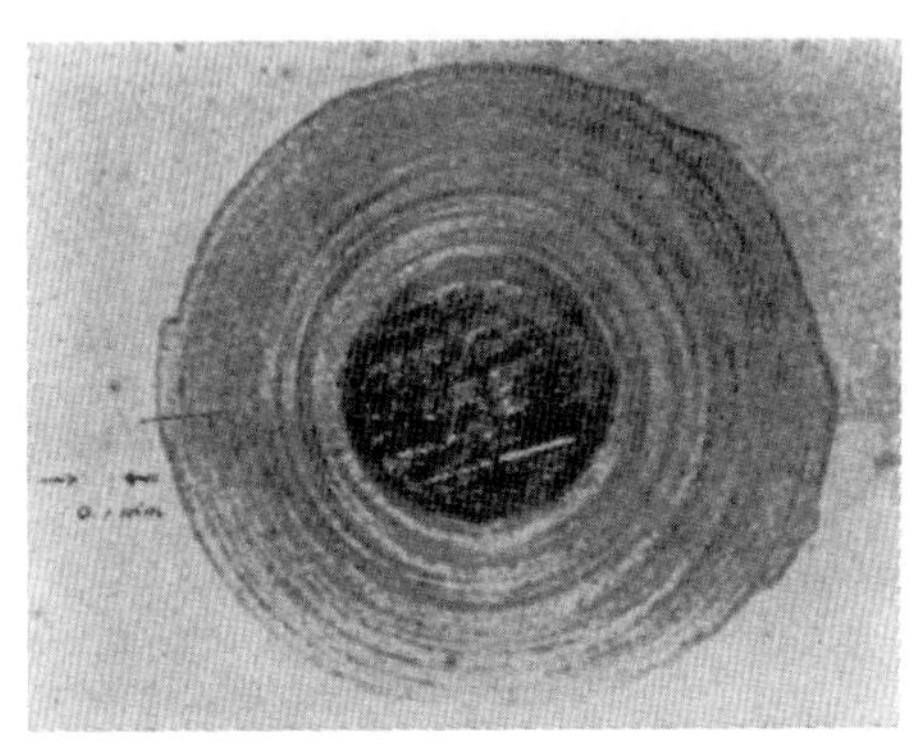
見瀬辰平の完成した1.5ミリの真円真珠の断面拡大写真。中心の黒い部分が0.5ミリの銀製の核である。（故磯和楠吉撮影）

り、その大きさは一・五ミリという微小なものであった。ただし質のうえから見れば、天然真珠とかわるものでない。しかも〇・五ミリの核が、一年で一・五ミリの真珠になっている。したがって、このまま数ヵ年養殖すれば、相当な大きさになると考えたのである（ただし、のちにのべるように数ヵ年養殖しても、これ以上の大きさにはならなかった）。

そこで翌三十八年（一九〇五）、見瀬は特許局にその方法の特許を出願した。ところが特許局は、核を外套膜組織内（外套膜と貝殻との間ではない）に挿入する方法は「エンサイクロペジャブリタニカ四四四頁乃至四四八頁『大英百科全書』に記載するところにして、別段創設的発明と認め難し」（『見瀬辰平氏手記』）として却下の審判を下した。公知・公用の方法というわけである。

特許出願却下のうらに御木本の妨害か

これもまた、まことに不思議な審判である。この理由で見瀬の特許申請を却下するのであれば、御木本特許も無効であるべきである（それゆえ、前にのべたように特許局は、長束・北村らとの事件の時に、御木本特許の範囲を食塩処理と核を挿入する方法の組合わせたところにあると、苦しい理由をつけたのである）。

もちろん、これに対して見瀬は岸上・伊谷の後援を求めて、再審の請求を行なった。しかし当時は「御木本幸吉氏は介附真珠（半円真珠のこと――筆者）を採取し、諸外国に販売し、御木本の名声頓（とみ）に挙ると共に……専ら真珠の特許に注意し、真珠の特許の出願ある時は、種々なる手段を以て、是れを防圧するに至りたれば、伊谷以知二郎氏は特に是等に注意されれ」（『見瀬辰平氏手記』）とあるような状況下であった。前にのべた長束・北村らの事件も、このような状況の中でおこされたものであった。

のちにのべるように、御木本幸吉の女婿である西川藤吉の研究も、御木本養殖場の研究部にあった桑原乙吉の研究も、大体見瀬と同じ年代に開始され、その完成がようやく近づいていた時であっただけに、見瀬の特許出願は幸吉にとって、大きな障害であったであろうことは想像ができる。

見瀬の抗告と「真珠人工形成法」の出願

そこで見瀬は、伊谷や岸上の意見に従って、特許弁理士も御木本に関係のない人物を物色して依頼することにした。主任弁理士に木戸伝を、さらに相談役として長嶋鷲太郎法学士(のち法学博士)および花井卓三弁護士(衆議院議員、のち法学博士)を委任し、数回にわたり特許局に抗告審判の請求を行なった。

こうして抗告をつづける一方、見瀬の研究はつづけられたが、その結果ただ核を外套膜の組織内に挿入するだけでなく、その際外套膜の外皮細胞の一部を、核と共に挿入する原理と方法を発明した。この方法こそ、現在の養殖業でも核を挿入するとき用いている方法と、原理的に同じであることに注目する必要がある。

そこで彼は、明治四十年(一九〇七)五月十三日この方法の特許を出願した。これが、のちにのべる西川藤吉出願の方法と抵触(ていしょく)問題をおこす見瀬の「特許第三八三一八号真珠人工形成法」である。

見瀬の核挿入針の特許

しかし、見瀬の後援者の中から方法の特許については、当時の特許局の見解および御木本側の干渉を考えて、この際まず器具の特許を出願した方が、はやみちであるとの意見が出た。そのため同年六月一日、いわゆる器具特許である「核挿入針」の特許が出願されることとなった。「特許第一二五九八号介類ノ外套膜組織内ニ真珠被着用核ヲ挿入スル針、明治四十年七月二十七日特許」がこれである。ところで、この特許は予想通り、出願から特許までわずか一ヵ月という早さで許可されている。

そこで、この特許の請求範囲を見ると「介類ノ外套膜組織内ニ真珠被着用核ヲ挿入スル針ニ於テ、管針ノ先端部ヲ斜メニ殺ギ切リ先端ヲ鋭利ナラシメ、且ツ斜切口ノ周縁全部ヲ鋭刃トナシタル嘴ノ根部ニ核ヲ収受スベキ箇所ヲ設ケ、管針ノ内部ニハ押針ヲ挿設シタル構造」とある。

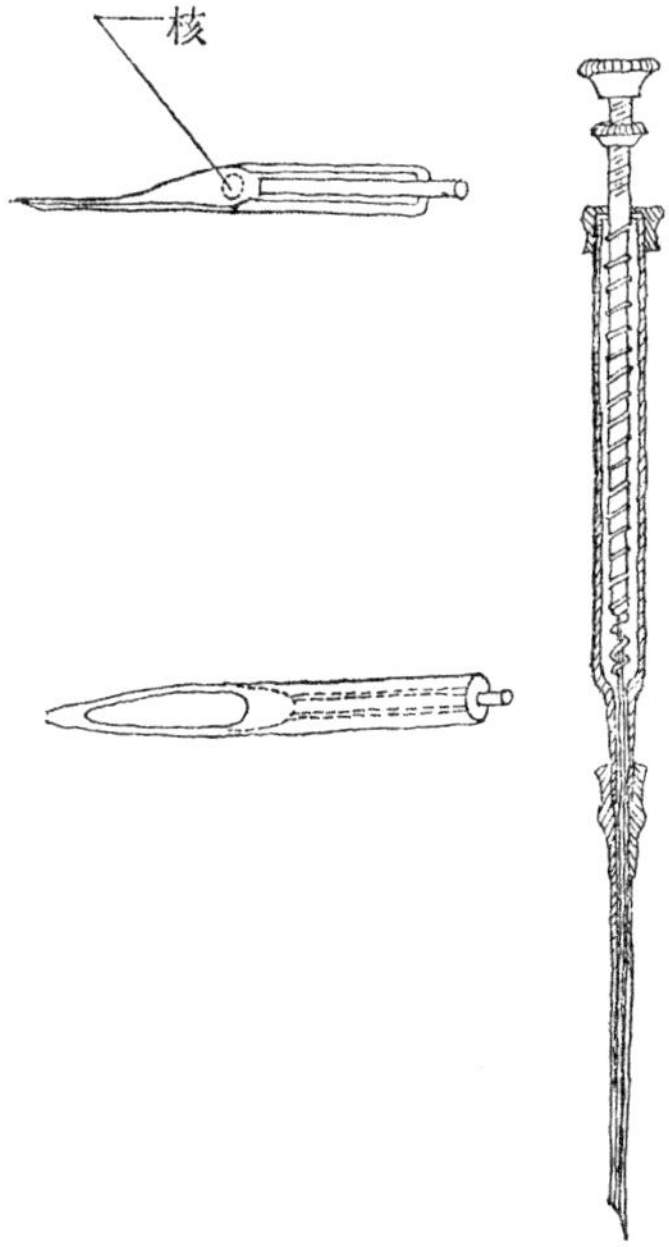

見瀬辰平発明の「特許第12598号介類ノ外套膜組織内ニ真珠被着用核ヲ挿入スル針」。針の中に0.5ミリの銀製の核を入れたところ。

大体、現在の医師が用いる注射器の形を、想像してもらえばよい。ただ筒の中にバネがしつらえてある。そして注射針の中に銀製の微小なる核を入れ、針を外套膜の組織内につきさして、注射の要領でポンプの軸を押せば、核は組織内に挿入されるというわけである。

### 見瀬の核挿入針特許の真の意義

ところが、ここで重要なことは器具の構造よりも、その特許明細書本文中に書かれたつぎの文章である。すなわち、

其目的トスルトコロハ介類ノ外套膜ノ外皮細胞ノ幾分ヲ核ニ附着シテ結締組織内ニ送リ込ムニ適セシムルニ在リ。……介類ノ外套膜組織内ニ核ヲ挿入シテ之ニ真珠質ヲ被着セシムルニハ、挿入ノ際外皮細胞ノ幾分ヲ核ニ伴ハシムルコト最モ必要ナリ。

というところである。

すなわち、外套膜に先きを斜に切った針をつきさせば、その外皮細胞の一部が切りとられて、核を挿入するとき、核に外皮細胞が付着して組織内に送りこまれるというのである。そして、この器具は核を挿入することが目的というよりは、「外套膜ノ外皮細胞ノ幾分ヲ核ニ附着シテ……送リ込ム」ところにあるのである。

このことは器具特許の中に、前にのべた方法特許をたくみに組合わせたものである。

そして「挿入ノ際外皮細胞ノ幾分ヲ核ニ伴ハシムルコト最モ必要」という原理を前提としているのである。

真珠成因研究家磯和楠吉も、その論文「真珠成因の研究・A、真珠成因の史的概観」の中で、「見瀬氏のこの特許は人工を以てする真円真珠形成の先駆をなすもので……真珠養殖研究に関する歴史の金字塔として長く記憶さるべきであろう。……敬意を表しておきたい」とのべている。

ただ初期の研究家のあやまちは、前にものべたように見瀬のみならず、西川も桑原も微粒の核を挿入し、数年養殖すれば天然真珠ほどの大きさになると考えたところにあった。これは天然真珠を切断してながめたとき、その核が砂粒であったりしたことからきた想定であったのであろう。

しかし、この失敗は決して無駄ではなかった。間もなく研究者の間に、大きな真珠の生産には、大きな核が必要であること、またそのためには核の挿入部位を外套膜組織内から、他の部位に変えなければならぬことの研究が進められるのである。

## 三　西川藤吉の研究と見瀬辰平

西川藤吉は明治七年（一八七四）三月十七日、大阪市南区南桃谷町において、父西川新助・母阿いの三男として生まれた。

西　川　藤　吉　像

西川藤吉の両親と兄弟（大阪の自宅で，明治22年撮影）
兄𤰖吉，母阿い，父新助，弟新十郎，藤吉

父新助は、はじめ精米業を営み、藤吉の生まれる前年、元の主家であった筑紫家（筑前黒田侯の御用達で、木蠟精製の豪商）より、南桃谷町の四〇〇〇坪の敷地と数棟の家屋をゆずられ、晒蠟製造を手広く営み、さらに製品の輸出も行なっていた。この意味で西川は商人の子とはいいながら、幸吉や見瀬などとちがい、恵まれた環境の中で育ったということができる。

西川藤吉の兄弟

また彼の兄弟たちも傑出した人物が多かった。たとえば長兄西川𠩤吉（とらきち）工学博士は、東京帝国大学を卒業して、のちに九州帝国大学工学部教授から工学部長をつとめたアルカリ工業化学の権威であり、またわが国ソーダ工業界確立の恩人として、現在でもその名を残している。次兄麻生二郎も東京帝国大学を卒業して、のちに日本銀行の理事として財界に重きをなした人物であり、弟新十郎は写真業を営んだが、藤吉の死後はそのあとをついで真珠業界で活躍した。

藤吉は、両兄の学んだ東京帝国大学に進み水産動物学を専攻した。在学中はえらばれて特待生となり、明治三十年（一八九七）に卒業すると、同三十八年（一九〇五）まで農商務省水産局技師として勤務し、在学中より引きつづき箕作佳吉・飯島魁両博士の指導をうけ、真円真珠養殖およびアワビの人工受精の研究に従事した。

西川は幸吉の女婿となる

前にものべたように、御木本幸吉は箕作をはじめとする東京帝大の学者グループと特別の関係を持っていた。しかも当時、業界では真円真珠養殖の研究と、その方法の発明にやっきになっていたころである。御木本がこの若い学究西川藤吉に目をつけぬはずはない。真円真珠研究の水産局技師として、御木本養殖場に出入する西川に、幸吉が次女みね(当時十九歳)を嫁入りさせたのは、明治三十六年(一九〇三)十一月である。

こうして幸吉は西川を女婿とすると、前記のごとく三十八年(一九〇五)一月より三ヵ月の赤潮による大被害(八五万個の養殖貝を殺した)の際、西川の来援を求めたが、これを機会に農商務省を休職させて、彼を正式に御木本養殖場にむかえた。

西川はこのとき創設された御木本の研究所において、これからしばらく真円真珠養殖の原理と技術の本格的な研究に従事したのである。ここに御木本は、桑原乙吉と西川の二名の研究家をむかえることにより、真円真珠人工養殖の成功に一歩近づくことができたわけである。

西川の御木本における研究

御木本における西川の研究は、はじめ桑原と共同で行なわれた。そして、この段階で

西川の研究完成し特許出願

は西川・桑原の研究も、見瀬の初期の研究と同じように外套膜組織内に微粒の核を挿入することに終始した。しかし、この方法を研究するうちに不思議なことが発見された。それは核を挿入する技術の未熟な者の施術した貝の中から、かえって真円のものが出ることである。

すなわち、未熟な者が核を挿入すると、外套膜を大きく傷つけて知らず知らずのうちにその外皮細胞が核に付着して、貝体の組織内に挿入していたのである。このような偶然的な失敗の中から、西川はかえってその真珠成因の原理を発見するのである。すなわち、彼はある種の細胞が、偶然貝体の組織内に入って真珠袋を形成し、真珠質を分泌して真珠を形成するのであるということを発見したのである。

そして彼はこの細胞を「真珠袋ヲ構成スベキ細胞ハ外套膜ノ上覆細胞、閉殻筋ノ上覆細胞、腹足類ノ足部ノ蓋ヲ分泌スル上覆細胞等ナリ。……上覆トハ上面ヲ覆フ細胞……上皮トモ謂フモノナリ。」（西川藤吉『真珠形成法明細書』）と説明している。この原理にもとづき西川は、明治四十年（一九〇七）十月二十四日より、外套膜の外皮細胞の一部を核とともに挿入することにより、真円真珠を養殖する方法の、一連の特許を出願した。

これらのうち、とくに「特許第三〇七七一号真珠形成法」が、のちに改良が加えられて、現在でも西川式・ピース式または一部式とよばれて、真珠養殖業界で使用されている方法の基礎となるものである。

その内容を、特許明細書から引用すると、

生活セル貝ノ体ヨリ刀等ヲ用ヒテ真珠袋ヲ構成スベキ細胞、例ヘバ外套膜上覆細胞之ニ接続セル組織トヲ含メル一片ヲ切リ取リ、此切片ヲ適当ナル核ト共ニ或ハ核ヲ用ヒズシテ切片ノミヲ注射針等ヲ用ヒテ其貝又ハ他ノ貝ノ組織中ニ挿入シ放養ス、真珠袋ヲ構成スベキ細胞ハ真珠袋ヲ構成シ、従テ真珠ヲ形成ス。

としている。

このように西川式の原理と方法をながめると、一体まえに見た見瀬の方法と、どこがちがうのであろう。それゆえ、のちに見瀬と西川の間に特許権抵触（ていしょく）問題がおこるのである。

西川は御木本を去る

この特許出願の翌四十一年（一九〇八）西川は、御木本の研究所を去り、淡路の福良湾に設けた自家実験場、また三崎の東京帝大臨海実験場などにおいて研究をつづけることとなった。そして、御木本養殖場には弟の新十郎を残し桑原と共同で研究をつづけさせた。この淡路の実験場の経営費は、従業員の給与をふくめて御木本が支出することとなっていたが、その代償として西川による養殖真珠が採取されたときは、その半分を御木本に譲渡する契約もなされていた。ところが、のこり半分の西川の取り分は、桑原乙吉にその六割を、弟新十郎に四割を与えている。

西川が、このように自分の取り分のすべてを桑原と弟になげ出しているのは、彼の学者的性格と、彼の研究の過程ではたした桑原と弟の協力、さらに桑原の研究をいかに高く評価していたかを物語るものである。

ところで西川が御木本から去った事情の詳細は判明しないが、一説によると彼の発明を義父である幸吉が、自分の名儀で特許を取り真円真珠養殖権を独占しようとしたことに対する、西川と長兄吊吉博士の抵抗であったといわれている。義父幸吉の長束・北村らへの、また見瀬の特許出願への干渉・妨害を見せつけられたとき、学究西川の良心がこれを許せなかったのであろうか。

西川藤吉という人物は、無欲で潔癖な一種の理想主義者であったようである。友人が論文を提出して博士号をとることをすすめたことがある。また外国の真珠商が、彼の発明を高価で買い取ることを申し入れたこともある。しかし、これらのことに対し西川は、真珠養殖はわが国の国家的事業であり、それに役立つことだけが自分の使命であるとして拒絶したという。これらのことから推しても、彼の御木本から離脱した理由が想像できる（西川に関しては、主として『桑原乙吉研究録』および『西川藤吉博士追想録』によった）。

#### 西川と見瀬の特許抵触

前にものべたように西川の特許出願の内容と、見瀬の内容とを比較したとき、大体同じような原理と方法によっていることがわかる。すなわち、両者とも外套膜の外皮細胞の一部を核に付着させて貝の組織内に挿入する方法をとっている。そしてこの外皮細胞が真珠質を分泌して核をつつみ、真珠を形成するというのである。

このため、やがて両者の間に特許権抵触事件が起きることとなった。すなわち明治四十一年（一九〇八）二月十日付で特許局は、見瀬の出願に対してその内容が、西川のものに抵触するとの査定を下したのである。

ここで、われわれは、同じような内容の出願に特許局が抵触査定を下したのは当然であるが、なぜ先に出願した見瀬のものが、後に出願した西川のものと抵触するとして、見瀬が不利な立場に立たされたのかという疑いを持つ。ところが当時の特許法では、特許許可の基準を出願の日におかず、発明完成の日においており、西川は発明完成を明治三十二年（一八九九）二月二十日とし、見瀬は三十六年（一九〇三）八月として出願していたのである。

見瀬の不服申立て

この特許局の査定に対して見瀬は早速不服を申し立て、再審査を請求した。ところで彼の不服理由は、まず五ヵ月先願であることと、ついで特に強調したのは彼の「真珠被着用核ヲ挿入スル針」という器具特許が、明治四十年七月二十日に特許され、同年九月五日付の特許公報に公表されているということであった。

そして、この器具特許の明細書の中で「介類ノ外套膜組織内ニ核ヲ挿入シテ之ニ真珠質ヲ被着セシムルニハ、挿入ノ際ニ外皮細胞ノ幾分ヲ核ニ伴ハシムルコト最モ必要」と強調しているように、この器具特許はこの原理と方法との組合わせによって特許されているのだと申し立てた。

すなわち西川の出願の前に、公表されている以上、この原理・方法は公知・公用のものであるというのである。

西川発明完成の日に疑問

ところで、西川のいう発明完成の日付について見瀬もその『手記』の中でふれているが、少しく疑問が残るのである。

西川は、その日付を三十二年二月二十日としているが、三十二年といえば彼が大学を卒業して二年目、農商務省水産局時代である。そして、まえにものべたように、彼が桑原と共同して御木本の養殖場で、試行錯誤をくりかえしながら研究をつづけるうち、真珠袋説を発見したのは、三十八年(一九〇五)以後のはずである。このことについては桑原もその『研究録』の中でのべている。

この不服申し立てによる審議がはじまると、特許局では西川の大学在学中・農商務省在職中の研究過程についても調査がすすめられて、西川の研究完成期日についての疑問が深められていった。西川ほどの学究的人物が、なぜこのような行為を取ったのであろうか、この点にも疑問が持たれる。

ところが当時、西川はその死因となった癌が悪化して死期が近づいていたため、学生時代より彼の才能を認めていた東京帝大の学者グループが、死期の近づいていた彼に花を持たせようとしたことに原因があったようである。また、それにもまして重要な点は、彼の義父である幸吉の存在である。見瀬もこのことを、その『手記』の中で「御木本幸吉に於ては、最初より我が国の真珠界を独占せむの野心あれば、本件（抵触事件）の益々紛争するに伴ひ、其の裏面秘密裡に於て如何に働きたるか、是れは一般の輿論に任せ茲に明記するを避く」と、その詳細をぼかして記しているが、大体の想像はできるのである。

見瀬の妥協

ところが、この抵触事件もやがて明治四十一年（一九〇四）九月に、見瀬が譲歩することによって解決することとなった。この見瀬の妥協の理由については、彼はその『手記』の中でくわしくのべている。そこでこれを要約して見ると、㈠西川の病気が悪化し死期が近づいており、彼の生存中に問題を解決する必要があること（西川は翌四十二年六月死去）、㈡東京帝大学者グループおよび大日本水産会よりの調停交渉のあったこと、㈢東京帝大・学者・学界などの権威を重んじたこと、㈣真珠養殖業は国家的事業であり、紛争をつづけることが同事業の発展を阻害するおそれのあることなどである。

そこで明治四十一年九月二日、東京市京橋区築地の同気クラブにおいて、見瀬をはじめ双方の弁理士および関係者一同の立会のもとに、互いにつぎのような契約書を交換し

西川の特許権から御木本は除外される

て、見瀬は出願内容を西川に譲り、この事件を解決させた。

その契約書は前文に「横山寅一郎（当時、見瀬が技術指導者として招かれて勤務していた大村湾水産養殖所長、のちの大村湾真珠株式会社社長――筆者）及見瀬辰平ト西川藤吉ハ、事業ノ利害共通ノ理由ニ依リ、現在ニ於ケル西川藤吉特許願第四〇二一九号ト見瀬辰平特許願第三八三一八号トノ一切ノ紛争ヲ避ケ、国家的本事業ノ将来ニ於ケル発展ヲ希望スル為メ、双方誠意ヲ以テ本件ノ目的トスル特許権ヲ完全ニ獲得スル趣旨ニ基キ左ノ件々ヲ確約セリ」とし、さらにつぎに要約するようなことを具体的に定めている。

㈠見瀬は、その出願の内容を完全に西川に譲ること、㈡西川が特許を獲得したときは、その権利は西川と横山寅一郎とによって共有されること（ここでは、一応この共有権から見瀬は形式的には除外されているが、横山はこの共有権を見瀬に限り、西川の承諾なくして共有・譲渡できるとしたから、実質的には見瀬をふくめた三名に共有権があることになる）、㈢見瀬がすでに獲得している挿核針の特許の譲渡・共有・質入れについても制限されているなどとなっている。

この契約書を見ると、見瀬側では彼が当時勤務していた大村湾水産養殖所の横山所長も権利者としているのにかかわらず、西川側では義父である御木本幸吉を除外していることがわかる。この点、女婿西川藤吉の学識の利用を図った幸吉は、完全に期待はずれの状態におかれたわけである。

この紛争の解決において一番の犠牲を強いられたのは、もちろん見瀬ということになる。ところで見瀬の性格と幸吉のそれを比べるとき、筆者はつぎのような興味をおぼえるのである。

見瀬と御木本幸吉の性格

まず幸吉は、権威をおそれないばかりか、逆に可能な限り権威に近づきそれを利用した男であり、その言動は人の意表をつき派手である。しかしその言動は商人としての綿密な打算と計画の上に立てられたものであった。

幸吉に比べて権威に弱い見瀬の性格

これに比べて見瀬の場合は、研究者としても技術者としても、すぐれた頭脳と器用さを持ちながら、事業家としての彼は打算も計画性も、幸吉にはとうていおよぶことができぬ弱さを持っていた。また見瀬も、幸吉同様その言動は相当に派手なものであったという。前掲の彼の写真を見ても、また第三者が職人出身である彼のことを、ある程度の皮肉をこめて「伯爵」とよんだことからも、このことはうかがえる。

とくに彼は、学者とか大学とかの権威に対して弱かったようである。このことは西川

との紛争で最後に妥協するときの模様を、その『手記』の中で書き残していることからも推測できる。すなわち、

本件は人格に関する一大事件、尚延ひて我が帝国大学校門の名声にも関する大問題となりたれば（西川の発明完成期に疑問がもたれ、特許局の調査が大学にまでおよんだことを指す――筆者）、茲に於て余は衷心考慮し……又学者と事をなし、仮令(たとえ)是の一事が勝つたとしても……我が国の学界に悪影響を与ふるのみ……大学側及其の他の名士の人々は由々しき事として余にも調停の交渉もあり……善後策を考究中、大学総長及大日本水産会の方から調停が来る。……西川氏は学者である。……我が国の学者として立派な者である。仮令西川氏が其の発明遅かつたにしても順序を経て居る。今更其の前後を争ふのは愚であると思ひ、西川氏に発明権を譲歩する。……

とある。研究者・発明家としても、事業家としても、はがゆいほどの態度である。

その後の見瀬の研究と発明

なお見瀬はこのほか、明治四十年（一九〇七）に旧大村藩主大村純雄伯爵に招かれて、当時減産に悩んでいた長崎県大村湾の、真珠母貝増殖および真珠養殖の指導にあたって功績をあげている。また上田元之助らとともに研究をつづけ、従来のように微粒のものでな

く五ミリ前後の真円真珠を形成する方法も発明し、大正年間に数種の特許をとっている。大正六年（一九一七）七月特許の「第三一二七〇号真珠核挿入法」「第三〇〇〇一号真珠形成核挿入器」および大正九年（一九二〇）十二月特許の「第三七七四六号球形真珠形成法」である。

とくに、これらのうち大正九年のものは、一般に「誘導式」とよばれて、西川式とはその方法に若干の差異はあるとはいえ、真珠貝体組織内に真珠袋を構成せしめる点では共通点をもち、現在でも代表的な真円真珠形成法のひとつをなしている。

**見瀬は外国でも特許権をとる**

また彼は、外国にも特許を出願して許可されている。たとえばアメリカでは大正九年（一九二〇）九月に「第三九五〇六号真珠形成方法」、フランスでもその前年に「第五〇一四四七号真珠形成方法」が特許されている。この二つの見瀬の特許こそ、真珠に関して日本人がはじめて外国で獲得した特許である。

**見瀬の失敗と御木本幸吉・堤康次郎の関係**

このように見瀬は、研究者・発明家として業界に大きな功績を残した人物であるが、事業家としては失敗の連続であった。たとえば明治四十四年（一九一一）に三重県志摩郡的矢湾に設立しようとした見瀬真珠株式会社は、当時、真珠養殖事業とくに三重県下の漁場の独占を図っていた御木本に、特許権侵害を理由とした妨害（当時は御木本と長束・北村らの特許権侵害事件が未解決）により、破産寸前においやられ、そのため彼は誤報とはいえ新聞に、「真珠研究者、相州逗子の浦にて投身す」との見出しで報道されたほどである（前掲『手記』による）。また大正四年（一九一五）にも的矢湾の鶴舞（つるまい）に「鶴舞養殖場」を設立したが、やがてその出資者の破産によって経営が不可能となったとき、大正六年（一九一七）にのちに「雷帝」とも「事業の鬼」ともよばれた若き日の堤康次郎が、その株式の過半数を握って「大日本円形真珠株式会社」を設立して再出発を図ることとなった。

しかしこの会社も、独裁的な堤の真珠養殖業への無理解により、翌七年には見瀬側の株主には知らされることなく一方的に解散され、同九年（一九二〇）には強引に養殖業の全面的中止まで命じてくるという事態にまで追いこまれた。このため見瀬は翌十年には、養殖事業から完全に手を引かざるを得なくなり、これ以後は特許権の分権契約金と、使用料だけで淋しく余生を送ることとなった（大正十三年、四十四歳で病死）。

派手好みで無計画な性格とはいえ、事業家としての晩年の見瀬は、悲運の連続であり、この点、事業家として発展・成功した御木本幸吉とは、まことに対照的な人物である。

堤康次郎の無理解

堤康次郎に関して筆者があえて「真珠事業への無理解により」としたのは、堤側の資料だけで書かれた富沢有為男著『雷帝堤康次郎』の中で、彼の青年時代の失敗談としてつぎのようなことが書かれているからである。

三重県で御木本の猿真似をして……問題にならなかった。……見瀬と云う詐欺師みたいな男が、自分はフランスの専売特許を三つも持っているという触れこみで、大いに康次郎を眩惑した上、御木本そこのけの真珠を……産み出してみせると吹っかけ……四ヵ年も金を出し続けた。……今年は出来る、今年は出来ると……このインチキ師……

と書いているが、堤ほどのするどい事業家が、なぜ真珠養殖事業に手を出すのであれば、この事業が三年や四年で真珠を生産し、実益を上げるものでないことを事前に調査しなかったのであろうか。また「御木本の猿真似を」するのであれば、御木本の営業の実態、すなわちその営業の基礎が真珠養殖を看板にしながらも、本質は商業資本家的経営にあることを知るべきであった。自分の失敗の責任を真円真珠発明家として、業界に大きな功績をのこした見瀬になすりつけるだけでなく、見瀬の晩年をくるわせて、しかも詐欺師・インチキ師よばわりをするのは筋ちがいであり、見瀬に対してはもちろん、「事業の鬼」とよばれた堤康次郎のためにも、まことに残念である。

西川藤吉の特許出願は、見瀬の譲歩により受理せられることとなった。しかし西川はその翌明治四十二年（一九〇九）六月二十二日、三十五歳の若さで東京本郷区西片町の自宅で没した。ところが、その特許は彼の死後七年を経た大正五年（一九一六）と翌六年に、彼の遺子真吉を特許権者として許可されている。出願（明治四十年）から九年目である。

ところで、なぜ特許許可までこのような年月がかかっているのかの詳細ははっきりしていない。しかし、この間の事情について、つぎのような二―三の説明をするものがあるので紹介しておこう。

見瀬によると『手記』の中で、この発明が国家的に重視されて農商務大臣の意向もあり、また工業所有権保護同盟条約の対外的問題もからんだためであるとしている。また桑原乙吉は、その『研究録』の中で、特許出願の方法に法律的なあやまりがあったためであるとのべている。

このほか、この出願内容の方法による実験成果が確実に証明されるまで、特許下付を見合わせたためであるとの説もある。この説をとると、なるほど西川の助手であった藤田輔世理学士が、西川の死後研究をつづけて、この方法で一七〇個余りの真円真珠養殖に成功したのが大正四年（一九一五）であり、西川真吉への特許下付が翌五年である。

## 四　桑原乙吉の研究

晩年の桑原乙吉
写真ぎらいだった彼には，これ以外のものは，ほとんどない。

桑原乙吉は慶応三年（一八六七）六月十日、現在の三重県志摩郡磯部町沓掛（くつかけ）の松本家の三男として生まれ、五歳の時、鳥羽の桑原道蔵の養子となった。鳥羽高等小学校を卒業後、しばらく母校および近隣の小学校で代用教員を勤めたが、二十四歳の時、田舎教師にあきたらず上京し、東京芝伊皿子の高山歯科学院（明治二十三年に高山紀斎により設立されたわが国最初の歯科医学校で、現在の東京歯科大学の前身）に入学し、歯科医師としての学理と技術を修得した。明治二十八年（一八九五）には検定試験に合格し、免許状を受けて三十一年（一八九八）帰郷すると鳥羽において開業した。三重県下の歯科開業医としては桑原が四人目であったという。

桑原の御木本勤務

桑原は歯科医師として優秀な腕を持っていたようで、当時県下では桑名の某歯科医師と、鳥羽の桑原がならび称されたといわれている。この桑原の患者の一人に、御木本幸吉の義弟久米楠太郎があった。久米は当時、多徳島の真珠養殖場で、すでに半円真珠の特許をもっていた幸吉とともに、その事業の発展に努力していた。

ところで、前にものべたように御木本には、東京帝大の学者グループによる間接的指導はあっても、生物学的知識を持った技術者はいなかった。生きている貝に核を挿入するには、生物学的知識とともに細心の技術が必要である。人間の口を開いて歯を治療する歯科医師の知識と技術は、貝の口を開いて核を挿入する真珠養殖に一〇〇パーセント利用できる。このことに気がついた久米と幸吉は、これから急速に桑原に接近しその助言を求めるだけでなく、さらに桑原を養殖場に迎えるのである。

これからのち、桑原はたびたび御木本によばれて、多徳島の養殖場を訪ね、その指導助言をしているが、やがて彼も真珠養殖に興味を持つようになり、明治三十五年（一九〇二）五月ついに歯科医院を廃業し、正式に御木本養殖場に勤務することとなった。

御木本での桑原の任務は、もちろん真珠養殖技術の研究である。しかし歯科医師としての彼は、多徳島に居住する従業員の医師代理としての仕事もあった。このことを乙竹岩造著の『伝記御木本幸吉』では、

職員中……歯科医桑原乙吉があって、彼には普通医師の心得も一通りあったため、チョットした創傷には即座の手当ができ、病人のある場合には近村から医師を迎えるまでの応急処置を執ることもできた。

としている。しかし、なぜか乙竹は桑原の真珠養殖技術の研究家としての任務については、一言もふれていない。

ところで彼が歯科医院を廃業して、正式に御木本に勤務することになった時の模様を、彼の口から聞くと、

……世間カラハ嘲笑ノ的ニナリマシタ。自分ニモ実ニ無謀ノヤリ方デアルト思ヒマシタ。兎モ角、乗ルカソルカ、自分ハ真珠ト心中スル覚悟ヲ持ツタノデス。（『桑原乙吉研究録』）

現在核入れに用いている器具

まんなかにあるのが，開殻器である。いずれも歯科医の手術器具に似ているのに注意されたい。

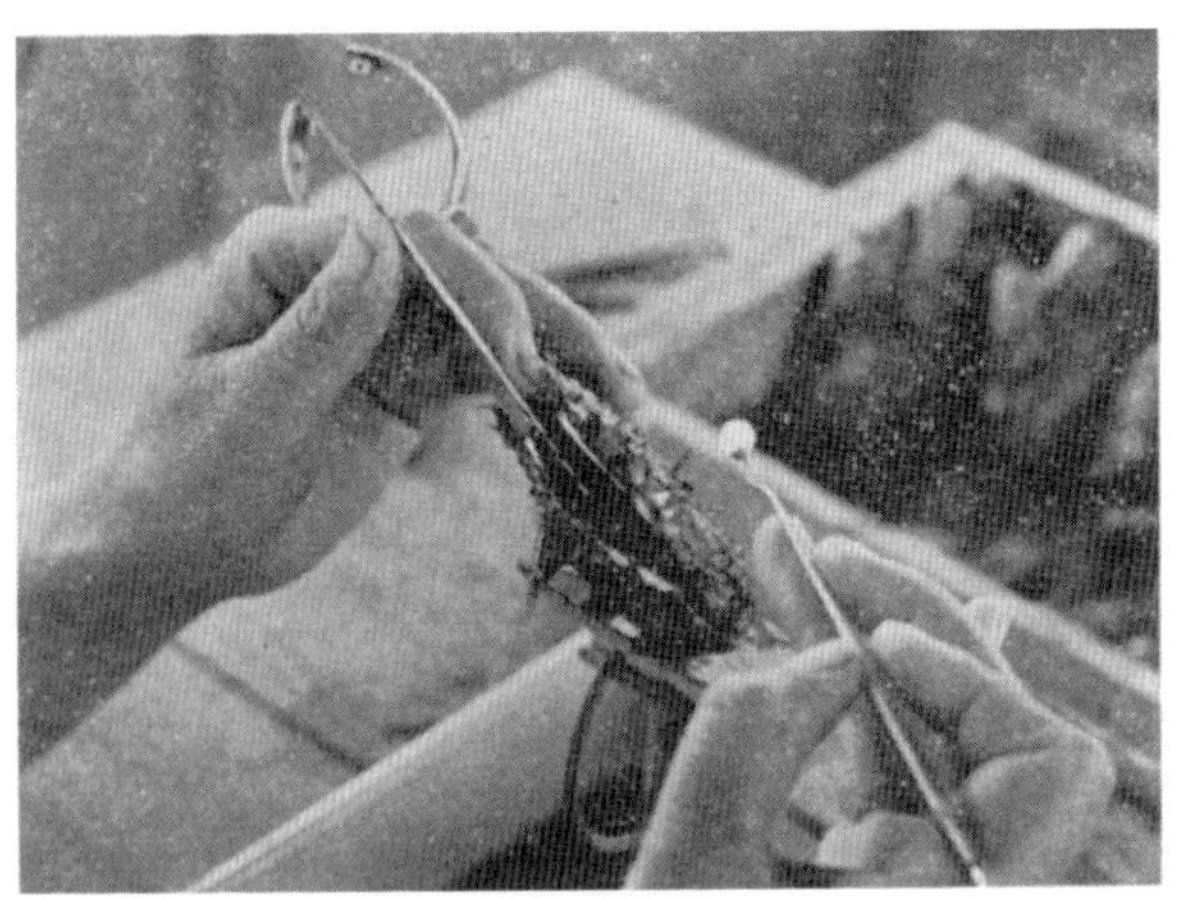

核 入 れ 作 業

現在行なっている核入れの方法。左上に見えるのが開殻器であり，白い玉が核。核を挿入する直前にピースとよばれる外套膜の小片を入れ，これに密着するように，核を挿入する。

桑原の真珠研究家としての出発

と語っている。歯科医師として優秀な技術と信用を持っていただけに、その廃業には自らも相当に悩み、また外部からの非難も嘲笑もあったであろう。

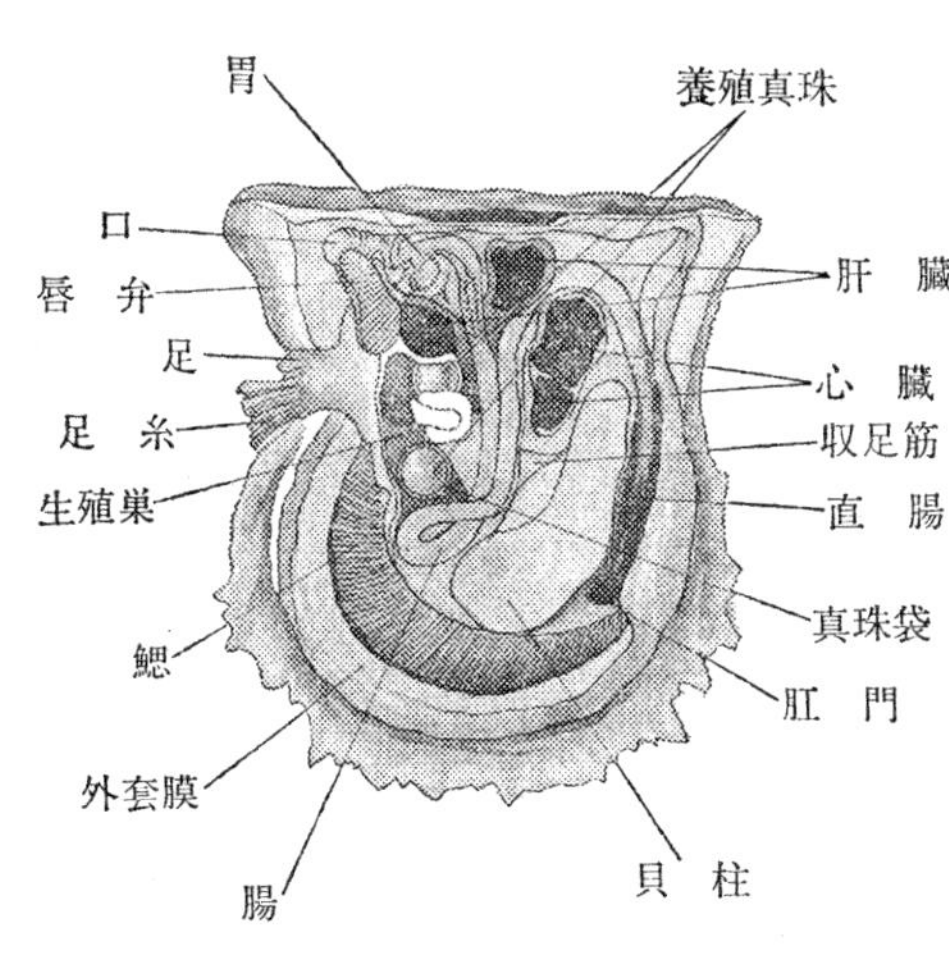


あこや貝解剖図

これから桑原の真珠研究、とくに真円真珠形成法の研究家としての生活がはじまるわけである。ここで結論から先きにのべると、真円真珠形成法の研究・発明家としての彼の功績は、西川・見瀬とともに最高の評価を与えても、まちがいではない。

さらにまた、真珠養殖技術の基礎となる挿核技術用の器具の改良についても、彼の功績は大きい。のちにのべる真珠貝の「開殻器」をはじめ、挿核用の器具は歯科医術用の器具を彼が改良して発明したものである。しかもそれらの器具が現在でも、挿核用に用いられているのである。前掲の写真は、真珠業者が現在でも用いている器具であるが、歯科医師の用いる施術器具とよく似ていることに注意したい。

ところが、彼の名前が一部をのぞいて真珠業界でも、とくに世上一般では忘れられているのは、どうしたことであろうか。たとえば志摩郡賢島の国立真珠研究所前にある「真円真珠発明者頌徳碑」にも、桑原乙吉の名は刻まれていない。また各種の御木本幸吉の伝記の中でも、研究家としての桑原の功績にふれているのは、わずか御木本隆三著の『御木本幸吉』と、筆者著の『三重県地方史研究備要・近代の研究』と「真珠養殖業創設期の諸問題」(『東海地方史の展開』地方史研究協議会編)によって書かれた永井龍雄著の『幸吉八方ころがし』と、ごく最近発刊された『御木本真珠発明七十五周年』くらいのものである。

御木本隆三のものは「御木本の得た多くの特許は彼(桑原)の考案がずいぶんこれを援けた」と、桑原を評価してはいるが、全巻の中で彼についてのべているのはわずか数行であり、その具体的功績にはふれていない。

### かくされた桑原の功績

ところで桑原の功績と名前が、かくされているのはなぜであろうか。その理由の第一

御木本の雇庸契約書—発明・特許はすべて御木本に無償譲渡

は、彼の研究とその成果である発明のほとんどが、御木本幸吉の名儀で出願され、特許されているからである。筆者は長い間、桑原の研究と発明が、なぜ御木本だけの名儀で出願・特許されているのか理解できなかった。

たとえば見瀬辰平の場合は、彼が大正三年（一九一四）に発明したいわゆる「大形真珠形成法」（大正六年七月五日特許「第三一二七〇号真珠核挿入法」および「第三〇〇二一号真珠形成核挿入器」）は、共同研究者であった上田元之助を共同発明者・特許権者としている。また西川藤吉の場合も、前にのべたように特許共有権は見瀬と横山に認めている。

桑原の場合について筆者は、はじめのうちは桑原の無欲な研究家的性格と、事業の独占欲にもえた御木本幸吉の性格の相違から来たものと漠然とした理解しか持っていなかった。ところが、のちに元御木本に勤務していた老人の好意により、当時の従業員が御木本入社の際に提出させられた誓約書の写しを見る機会を与えられ、この間の事情が判明した。

すなわち、その誓約書の第三項に「本人ニ於テ若シ真珠養殖ニ関スル発見・考案等ヲ致シ候トキハ、必ス之ヲ貴殿（御木本幸吉）ニ報告シ、其特許又ハ実用新案ヲ受クルノ権利若クハ其ノ得タル権利ハ之ヲ貴殿ニ無償譲渡可致コト」とある。このような誓約書が、従業員と保証人二名（未成年者の場合は親権者をふくめて三名）の連名で、御木本に提出させられたのである。もっとも、この写しは大正初年のものであるから、桑原入社の当時もこれと同様の誓約書がとられたかどうかは判明しないが、大体の模様は推定できるであろう。

ところで、この誓約書にはまだつぎのような条件がつけられている。それを要約すると「御木本の退職者が真珠養殖業を自営することの禁止」「同じく退職者が他の真珠養殖業者に雇傭されることの禁止」とあり、退職後の自由まで拘束しているのである。しかも、この条件を破ったときは、本人はもちろん保証人も「如何ナル御処分ニ預リ候得共異存無之……賠償ノ義ヲ履行可致候」としている。現在ならば、さしずめ「職業選択の自由」の制限として、基本的人権侵害事件となるところである。

なお、この老人の言によれば、この退職後にまでおよぶ過酷な条件は、とくに真円真珠形成法が完成されてから追加されたものと記憶するということであった。当時の御木本をはじめ業界一般が、いかに真円真珠形成法の研究を秘密裡に行ない、その独占を競争したかということを示す資料として興味深い。

こうして研究生活に入った桑原は、明治三十七年（一九〇四）ごろ一応、外套膜式による真円真珠形成の方法を、実験的に成功させることができたといわれている（この方法についての詳細は、今のところ不明であるが、挿入する核については、蠟を材料としたとのことである）。このことが真実であるとすると、見瀬辰平の研究完成と同年代ということになり、興味ある問題である。

ところで、前にのべたように明治三十八年（一九〇五）一月より三ヵ月間、多徳島のある英虞湾に赤潮が発生し、御木本は養殖貝一〇〇万個のうち約八五万個を殺したという大きな被害をうけた。しかし、この被害は幸吉にとって経営的には致命的な損害であったとはいえ、彼の事業を転換させる大きな意義を持つこととなった。というのは、この被害により引き上げた施術貝の中から、本来は貝付半円真珠養殖のために挿入した核が、貝からはなれて、しかも核全体を真珠質でまいた真珠が五個（一説には三個）偶然とび出したのである。

これは思いがけぬ収穫であった。このことがヒントになって桑原の真円真珠形成法（いわゆる三十八式）が発明されるのである。またこの被害の調査と救援のために農商務省から派遣されて来た幸吉の女婿西川が、これを機会に正式に御木本に勤務したことは前にのべた。

これらの意味で、この赤潮被害は幸吉にとって二重・三重の幸運をもたらしたことになった。前述のように、この年の十一月に幸吉は明治天皇の前で、「かならず真円真珠養殖を完成してお見せします」と自信にみちた言上をしているが、そのうらにはこの被害で手に入れた五個の真珠と、桑原・西川の研究実績があったからである。

西川の勤務を機会に、多徳島の御木本養殖場に真珠研究所が設立され、西川と桑原はこれからしばらく、ここで研究をつづけることとなった。

桑原による三十八年式の発明

ところで桑原は赤潮被害の際、偶然手に入れた五個の真珠の形成された位置に注目して、いわゆる「三十八年式」とよばれる真円真珠形成法を発明することとなった。その方法は半円真珠の場合とよく似ているが、貝殻と外套膜の間から一分前後の核を、今までより奥の方へ、すなわち貝のチョウツガイの近くへ押しこむ方法である。そしてこの際、外套膜をゆるやかに圧すると、外套膜は「凹陥シテ自ラ括約的袋ヲ作」るから、これに核を挿入する（「特許第一三六七三号明細書」による）というのである。

発明・特許権ともに御木本の名儀

この方法の特徴は、真珠袋説（括約的袋）をとっていることと、見瀬や西川が微小な核を用いているのに対して、一分前後という当時としては大形の核を使用している点にある。そして、この方法が三十八年式または明治式とよばれ、明治四十年（一九〇七）八月十七日出願、翌年三月十三日に御木本幸吉の名儀で特許された「第一三六七三号真珠素質被着法」である（この方法はのちに改良が加えられ、さらに二度特許をうけている）。

ところで問題は、この特許が発明者・特許権者ともに御木本幸吉だけになっていることである。しかもこれと同じことが、のちにのべるように桑原がいったん御木本を退職したのち、再び復職してから発明した大正五年（一九一六）五月特許の「第二九四〇九号真珠素質被着法」、大正八年一月特許の「第三三六四〇号真珠素質被着法」（いわゆる「全巻式」「全冠式」または「内臓式」ともよばれる方法）、大正八年四月特許の「第三四一三八号真珠素質被着法」（全巻式の追加発明）など、桑原の研究にもとづく発明すべてについて、なされているのである。

このことについて桑原は、晩年『桑原乙吉研究録』の中で、三十八年式の発明・特許の権利を自分の名儀で獲得しなかったことは、終生のあやまりであり、それがのちに大変迷惑をこうむる原因となったとのべている。すなわち三十八年式の件が前例となって、その後の彼の発明がすべて御木本幸吉の発明とされ、特許されてしまったことをいうのである。

### 開殻器特許でも

ところで、このようなことは、桑原と西川との間にもあったようである。たとえば西川藤吉が明治四十一年（一九〇八）一月に出願した「第一三九五二号弁鰓類（二枚貝のこと）開殻器」という器具特許がある。核を挿入するとき貝の口を開くのに用いる器具であり、通称「開殻器」とよび、現在でもこれの改良されたものが使用されている。

ところが、この器具を考えついたのは、主として桑原なのである。初期の真珠養殖技術には、いろいろな苦心があった。そのひとつに、かたく口を閉じている生きた真珠貝を、どのようにして開き、核を挿入するかという問題があった。

自然に口を開けるのを待ったのでは作業が進まない。そこではじめは貝を太陽にあてたり、火のそばにおいて口を開けさせ、クサビを入れて作業をする方法がとられていた。ついで刃物を貝の間に入れて、こじあけクサビを入れる方法がとられて、しばらくはこの方法がつづいた。しかし、この刃物を用いる方法をとると、刃物の先で貝体を傷つけることがあるため、その改良が考えられるようになった。

そこで明治三十八年ごろ、桑原と西川の共同研究により、歯科医師が用いる「クランプ＝ホーセップ」（クランプ鉗子ともいい、現在でも歯科医が用いている）という器具を改良して作られたのが「開殻器」で、西川の名儀で特許が取られたのである。ところで、これを考案したのは歯科医であった桑原であり、その製作図も彼の手によったのである。

この間の事情については桑原の『研究録』にくわしくのべられているが、桑原は三十八年式真珠形成法の場合と異なり、この器具特許が西川の発明＝特許になったことについては、一言の不平不満ものべていない。それは、学究としての彼が、西川をすぐれた専門的学者として生涯尊敬していたためである。

西川の死と桑原の御木本退職

前にのべたように、明治四十一年（一九〇四）西川藤吉は御木本を離れて、淡路島および神奈川県三崎で研究をつづけることとなったが、このことが決ったとき西川と桑原は互いに研究の経過を語りあった。その結果、二人の研究の原理・方法は大体同じ意見に到達したという。

すなわち、両人とも真円真珠の形成には、外套膜外皮細胞の利用と真珠袋の形成が必要であるという意見の一致を見たのである。ただし、その細胞のとり方、作業の方法については、二人のあいだに多少の意見のちがいがあったと、桑原はその『研究録』でのべている。

桑原は西川が御木本を離れてのちも、西川の弟新十郎とともに御木本の多徳島養殖場に真円真珠部を設けて研究をつづけた。ところが、やがて明治四十二年六月、彼が尊敬した西川が癌のために危篤に陥ったとの報を受けたので、西川とともに研究した時代に養殖したものの中から、最大の真珠(帽針頭大のもの)を持って西川の病床を見舞い、その成功を報告した。

しかし、その直後六月二十二日、西川は三十五歳の若さでこの世を去った。桑原が尊敬し、またつねに桑原を理解して指導してくれた西川の死は、一時桑原の真珠養殖の研究に対する情熱を失わせたようである。この年、彼は病気を理由に御木本を辞職し、再び鳥羽で歯科医院を開業している。彼には慢性盲腸炎があったことは事実であるが、その病状が辞職しなければならないほどのものであれば、医院の開業も無理であったはずである。

このの ちも、西川の弟新十郎は三年ほど御木本に残り研究をつづけていた。しかし御木本では、これまでの西川や桑原の方法では微小で商品価値の少ない真珠しかできないことを理由に、西川式の工場を閉鎖することとなった。そこで、これを機会に西川新十郎も御木本を去り、九州の大村湾で養殖業を営んだ。

御木本の西川兄弟への態度

この西川や桑原の方法を御木本が営業的に認めない空気は、すでに桑原の在職中からあり、これが桑原の退職の理由のひとつでもあったようである。

この当時の御木本の、西川新十郎や桑原への態度、さらに故西川藤吉の功績への態度は決して好意的ではなかったようである。藤吉と新十郎の長兄である西川𠛬吉工学博士(当時九州帝大教授)は、このことに対して「養殖真珠の特許に関連して御木本翁が其愛婿であり養殖真珠の発明者であった先生の亡弟(藤吉)に対して採った措置が面白くないと言うので、敢然これに戦を挑み、次弟(新十郎)を助けて大村湾に真珠の養殖を始めさせた」(『西川𠛬吉博士追想録』)。当時の御木本の態度がおおむね想像できる。

垂下式養殖の実験

西川が亡くなる少し前、明治四十一年(一九〇八)、東京帝大では西川や御木本などに依頼して、これまでの海底における養殖方法(「地蒔き式」とよび施術した貝を海底にばらまき、また籠に入れて海底にしずめて養殖した）を改良し、海の中層に籠をつり下げて養殖する垂下式養殖の方法による試験を、四ヵ年の予定で行なうこととなった。

当初この実験を担当したのは、すでに御木本を去っていた西川藤吉とそれに協力した藤田輔世・昌世の兄弟、また御木本では西川新十郎と桑原乙吉であった。

桑原の御木本復帰

ところで大正元年（一九一二――大正二年ともいう）この実験の結果を調査するため、御木本では同方法で養殖していた施術貝を引き上げることとなった。そこで東京帝大から飯島魁博士と藤田輔世理学士が、また九州からは西川新十郎が立ち合うこととなった。

このため御木本では、桑原にもこの調査に立ち合い、西川新十郎とともに実験経過の説明を依頼することにしたが、桑原は歯科医として多忙でもあり、すでに真珠に対する関心も失っているからと断った。しかし幸吉自らが桑原宅を訪ねて飯島博士も来場することでもあり、ぜひにと強く要望したため、桑原もやっと腰を上げることとなった。

ところで、このときの実験の結果はあまりかんばしいものではなかった。しかし、この調査に立ち合った桑原は、失いかけていた真珠研究への関心を再びよびもどすこととなった。この桑原の気持を読みとった幸吉は、強引に彼の復帰をすすめた。はじめは桑原も、歯科医として患者を捨てることのできぬこと、さらに研究活動そのものが御木本の営業上の利益を直ちに生むものでないことを理由に固く辞退した。

しかし、やがて幸吉の「例へ収支償ハザルモ、真円真珠養殖ヲ為スト言フ事ガ商業上ニモ必要デアル」（『桑原乙吉研究録』）という言葉に動かされ、ついに大正三年（一九一四）七月、彼は御木本に復職することとなった。

ところで、この幸吉の言葉は当時の御木本をはじめとする真珠養殖業界の模様を、如実に物語っている。すなわち、すでに御木本はその積極的商法により、国内はもちろん海外にも、真円真珠の発明家およびその養殖家としてその名を売りこんでいた。ところが皮肉にも当時の御木本は、西川兄弟と桑原という真円真珠の研究家を失っていたのである。

一方、大正二年（一九一三）には故西川藤吉の遺志をつぐ藤田昌世が、高知県宿毛湾で西川式の改良による真円真珠の企業化を図り、翌三年には林有造の援助を得て予土真珠株式会社を設立し、さらに四年（一九一五）には核を外套膜に挿入するほか、貝体内に挿入して真円真珠を形成することを完成させていた（翌五年には、この方法で真円真珠の完全品一七〇個を採取している)。また見瀬辰平という強敵もあった。

御木本における桑原の必要性

このような業界の動向が、養殖真珠の発明家をトレード＝マークにしている幸吉の営業におよぼす影響は大きい。このことが幸吉をして「収支償ハザルモ、真円真珠養殖ヲ為スト言フ事ガ、商業上ニモ必要」といわしめたのであり、またそのために桑原という研究家がどうしても必要であったのである。

こうして桑原の御木本復帰はきまったが、はじめは歯科医も廃業せず、月に数回御木本の養殖場を見廻る程度の約束であった。当時御木本は養殖場の本拠を、度会郡五ヶ所(南勢町)においていた。そこで桑原は五ヶ所養殖場を視察すると、そこでの養殖法は西川と彼が行なっていた初歩的な段階から、一歩も出ていなかった。このことは、御木本では西川と桑原以外に、研究を進める者がいなかったことを示すものである。

桑原による全巻式の完成

だからこそ御木本にとって、桑原の復帰はどうしても必要であったわけである。

そこで桑原は退職前より考えていた、いわゆる外套膜式と三十八年式とをあわせて用いる方法を研究・実験することとした。これが「全巻式」に発展・完成するのである。

このため彼は意を決して再び歯科医を廃業し、大正四年(一九一五)には家族もろともに五ヶ所の御木本養殖場に移り住んで、本格的な研究生活に入った。そして、その結果が「全巻式」とよばれる桑原の一連の真円真珠養殖法の発明完成である。「全巻式」とは、外套膜の外皮で完全に巻いてつつんだ核を、外套膜の組織内でなく貝体の内臓部に挿入する方法である。

再び特許は御木本の名儀で

そして、ここでもこれらの方法は、いずれも御木本幸吉の名儀で特許がとられている（第二九四〇九号・第三三六四〇号・第三四一三八号などの特許）。

ところでこの方法を特許第三三六四〇号の明細書により見ると、「適当ノ核ヲ貝ノ真珠素質分泌細胞組織ノ皮膜ニテ被包シ、其口ヲ結紮（けっさつ）シタル儘他ノ母貝ノ表皮ヲ傷ケ、其下層ニ外科的植皮術様ニ圧着シ、筋肉ノ収斂作用ヲ起シテ結紮条ヲ除去シ、再ビ海中ニ放養シテ真珠素質ヲ被着セシムル」とし、第三四一三八号では、「圧着後結紮条ヲ除去スル代リニ、圧着前ニ行フベクセル追加発明」として、「原特許ニ比シ手術簡易ニシテ而モ同一効果ヲ奏セシムルモノ」としている（結紮条とは核を外套膜で巻きつつんだとき、その端末を結ぶ糸のこと）。

全巻式の特徴

ところで、この桑原の「全巻式」の特徴は、見瀬や西川の初期の方法より大きな核（一分以上、四〜五ミリ）を挿入できることと、原理的に前二者の方法が真珠袋を構成すべき細胞、またはそれを含む組織の一片を移植あるいは誘導して真円真珠を養殖しようと考えたのに対して、桑原の方法は外套膜組織をそのまま利用して、これで核を完全に包んでから他の貝体組織内に移植しようとしたものである。したがって完全に真珠質を核に被着できるために、天然真珠に最も近いものが養殖できるということである。

なお、この方法について調査した帝国発明協会は、大正十五年（一九二六）四月に男爵法学博士阪谷芳郎会長の名で『御木本養殖真珠調査報告書』を出しているが、その中で、

> 此方法ノ特許公報ニテ発表サレタル当時、結紮条ニテ薄キ皮膜ヲ被包シ其口ヲ結紮云々ノ作業ノ余リニ精緻ニ過ギテ実際ニハ行ハレ難カルベシト想像セルモノアリ、又欧州ノ学者間ニモ此点ニツキ同様ノ意見ヲ述ベタルモノアリ。今回実際ニツキ調査セルニ、総テノ技術者皆一様ニ細少ナル結紮条ニテ結紮スル作業ヲ行フヲ見、其精緻ナル技術ヲ驚嘆セリ。次ニ此ノ方法ニヨリテ海中ニ放養シ、数年間真珠素質ヲ被着セシメタル母貝五拾個ノ内、拾参個ヨリ真円真珠ヲ摘出スルコトヲ得、之ヲ検査シタルニ色彩及球状ノ諸点ニ於テ間然（かんぜん）スル所ナク、天然真珠ニ比較シ何等ノ遜色ヲ認ムルコト能ハザリキ。……是レ全ク学理応用ノ極致ニ達セルモノニシテ、世界

的発明トシテ中外ニ称揚スベキ価値アリト認ム。

とのべている。

ところが、この方法が報告書にあるごとく「学理応用ノ極致……世界的発明」といわれながら、なぜこれから間もなく実際には用いられなくなり、現在の養殖業界でも西川や見瀬の方法を基礎として採用しているのであろうか。その理由のひとつは、やはり報告書のはじめにもあるように、薄い外套膜外皮で、核をいちいち完全につつむのには、よほどの熟練と精密な技術が必要であることである。当時の関係者の語るところでは、熟練者でさえ一日に六〇から七〇個、普通の者ではせいぜい三五個くらいしか施術できなかったということである。すなわち西川や見瀬の方法と比べると、作業能率が低く営業的に難点があるという点である。

全巻式の欠点

また核をつつむ外套膜外皮の大きさに左右されるため、核の大きさが制限されること、さらに出来あがった真珠が質的には天然真珠に近くとも、ヒズミやキズのできるものが多かったことである。

ところで、このような欠点は桑原自身も、その『研究録』の中で認めている。それではなぜ彼はそれを克服しようとしなかったのであろうか。この点については、一部式の方法はすでに西川・見瀬特許のこともあり使用できなかったこともあったであろう。しかし、それ以上につぎにのべるような事情が「真珠ト心中スル」つもりで研究にとりくんだ学究桑原を、全巻式の研究に釘づけにしてしまったと考えた方が適切である。

それは桑原の愛弟子（まな）であり昭和十九年（一九四四）に、新しい真珠生因の学説を発表した磯和楠吉に生前、桑原が語ったところによると、桑原は東京帝大の飯島魁博士から全巻式の方法が、もっとも天然真珠に近い形成法であると激賞され、その研究をさらに進めるようにはげまされたということである。

学究である桑原が、当時の水産動物学の権威であった飯島博士から激賞をうけ、その自信を固めた結果、この方法にすべてをかけたためであろう。

また、本職であった歯科医を廃業してまで真珠の研究に一生をかけた桑原は、かえって「恐らく、死ぬまで真珠の価値、ことに商品としての価値を本当に理解しなかったのではないだろうか」と磯和楠吉は筆者に語ったが、桑原にとって真珠は、あくまで学問的研究の対象であって、商品ではなかったのである。科学的にもっとも天然真珠に近い

桑原の「卵ぬき法」への貢献

ものを作り出すことが、自分の使命であると一途に思いこんだ学究としての桑原の性格を物語るものである。それゆえ、研究の成果が自分の名でなく御木本幸吉の名儀でとられようと、彼にとっては取るに足らないことであったのであろう。

ところで桑原は、この全巻式による実験をつづけているうちに、ひとつの問題につき当たることとなった。それは、核をつつむための外套膜の外皮のうち白色のものは弱く破れることが多いのに、透明なものは破れることがないということである。そして白色であるのは貝が健康な状態であるときであり、透明になるのは産卵をしたのちのように衰弱したときであるということを発見した。このことは彼の全巻式方法にとっては重要な問題である。すなわち、核を外套膜外皮でつつむ作業を容易にするか、否かの問題である。

これから彼の透明な外套膜への研究がはじまる。貝の産卵を待つのでは、必要なとき必要な量の外套膜を手に入れることができない。そこで彼は竹籠の中に多数の貝を入れ、さらにそのうえに板をおいて、わざわざ光と飼料の入るのを妨げ、貝を衰弱させて透明な外套膜を作らせる方法を考えだした。

この方法は、時として貝を殺すこともあり、また全巻式だけに必要なものであるため、現在の養殖業には直接の利用価値はない。しかし、重要なことは透明な外套膜をとるために考えついたこの方法が、のちに全然ちがった目的のために用いられることとなり、現在の養殖業界に貢献しているということである。

すなわち、大正十一年(一九二二)に、現在のような大形真珠を形成させるため猪野秀三が発明した「卵ぬき法」「卵どめ法」という方法があるが、これに桑原の方法がつながっているのである。それは、よく発育した卵を持った貝に核を挿入し放養すると、核をはき出したり、シミ珠ができたり、または貝を殺してしまうことが多い。そこで猪野は、卵の発育を押え、さらに卵を吸収させるか放卵させてしまうために、透明な外套膜を作らせるための桑原の方法と同じ方法をとって成功したのである。

桑原ふたたび御木本を去る

桑原の方法には前記のような欠点があった。そのため、営業上大量生産を望んでいた事業家御木本幸吉とは、たびたび意見の衝突があったようである。桑原は大正八年(一九一九)、持病の慢性盲腸炎の治療のために六ヵ月ほど休職したことがある。ところが静養を終えて出勤したとき、御木本と彼の間に奇妙な契約が結ばれた。

それは御木本が、彼に一期すなわち四年間限りの雇用を押しつけたものである。四年というのは、真珠養殖では施術から養殖・採取の期間が、おおむね四年かかるところから来ているのであろう。この年の一月十五日に、彼の方法「全巻式」(第三三六四〇号「真珠素質被着法」)の特許が御木本幸吉に下付されているから、この方法で養殖してその結果が営業的になりたつならば再雇用、なりたたない場合は退職せしめるという含みではなかろうか。この点に関して桑原はその『研究録』で、「其時ノ約束ニ理由ハ存ジマセンガ……約束ノ事ナゾ余リ念頭ニ置キマセンケレドモ……」といかにも俗事にかかわることのきらいな性格そのままの言葉で語っている。

こうして、これから四ヵ年、桑原は多徳島の近くの大崎にできた第二工場(現在の新多徳工場)で、最後の研究生活をつづけた。しかし、この間の御木本幸吉の彼に対する処遇は、決して温いものではなかったようである。この模様を『研究録』の後記で、その編者はつぎのようにのべている。

……工業化ニヨリ大量生産ヲ企図シテイタ御木本氏ト、名人気質ノ氏(桑原)トノ間ニ種々意見ノ衝突モ多ク、一部式(西川・見瀬の方法)ガ漸ク業界ニ拡マリ出シタ頃、御木本球形真珠ノ祖トモ言フベキ氏ハ優遇セラレヌママニ、判然トセヌ退職、否退場ヲシタ。

長い間、西川と見瀬の両特許を手に入れることのできなかった御木本にとって、桑原の研究・発明だけが養殖事業の基礎であった。また真円真珠発明家御木本幸吉という名を、国内外に売りこむことのできた基礎も、桑原の研究と発明であったといっても過言でない。その桑原を、優遇せぬまま契約期限がきれたというだけの理由で、大正十三年(一九二四)八月に退職させたのである。

御木本の弱点

上述のごとく、真珠本来の姿である真円真珠の養殖法では、御木本幸吉名儀の特許、いわゆる「全巻式」は、西川や見瀬の方法などに比べると作業能率が低く、営業的にも大きな難点があった。

しかも皮肉にも、幸吉の女婿であった故西川藤吉の発明した方法は、当時まだ御木本にはその使用権はなく、その遺志をついだ藤田輔世・昌世兄弟によって改良が加えられていた。そして、その結果、予土真珠会社により、大正五年には真円真珠の完全品一七〇個を採取、さらに八年(一九一九)には八〇〇〇個の施術貝の中から一〇〇匁の真円真珠を採取して、これを一二万円で売却し、その事業化を実証していた。

反御木本派の結成「日本真珠養殖組合」

そのうえ、つぎにのべるように、やがていわゆる反御木本派の業者が結束して組合を結成し、全国的に御木本の独占に対抗することとなったのである。

日本真珠養殖組合が結成されたのは、大正十四年（一九二五）十一月である。ところでこの組合の特徴は、御木本を除く全国の真珠養殖業者によって組織されており、その中核は反御木本派の代表者によって握られていた。

もともと反御木本派の業者は、長束・北村らの特許権侵害事件および見瀬特許への御木本の妨害事件によって結束されたものである。そこで彼らは設立当初は、御木本の独占に対抗して見瀬特許の分権をうけて結集していた。

ところで、この組合の目的を見ると、㈠真珠母貝の需給関係を円滑化し、㈡生産品販売上の相互協調の保護を通じて、真珠養殖業の改良・奨励・発達をはかる（小関信章「戦前における真珠団体の変遷」）とあり、設立当時の組合員は二八名、組合長は西岡弥太郎、本部事務所を神戸市の大久保忠礼のところにおいた。そして組合は「主として三重県下組合員の母貝および漁場確保のため、御木本氏に対抗しきわめて積極的活動をした」（前掲小関論文）。

さらに、この組合の大きな武器は西川式特許の事業化の成功者である藤田昌世も組合員に持ち、しかも組合員の大半が藤田の指導監督を受けるということを条件に、やがて西川特許の施行権をも分権されたことである。

### 真珠商御木本はゆるがず

すなわち、これにより組合員は一応安定した真円真珠業の経営ができ、そのうえ見瀬・西川両特許の施行権を持たない御木本に対抗できたわけである。

いままでのべて来たように御木本の技術上の独占は、長束・北村らとの訴訟の結果による半円真珠特許の事実上の無効、また反御木本派の結集、さらに見瀬・西川両特許の実現などによって破られることとなった。このことは御木本の養殖事業にとって、たしかにひとつの大きな障害である。しかし、そのことが彼の事業の全体に、どれほどの影響を与えたであろうか。

そこで結論的にいうならば、それは彼の事業全体から見たとき、大した影響を与えるものではなかったのである。前にものべたように彼の事業は、養殖業だけで維持されていたのではない。その出身が示すように、彼はあくまでも商人である。乙竹岩造著の『伝記御木本幸吉』にも、「天然真珠も相当に多く取扱うようになっていたから……その方の利益で養殖場の経費は健全な歩みを続け」ることができたとのべている。このことは、御木本が単なる養殖業者でなく、天然真珠をはじめ他の業者により養殖された真珠の仲買と販売さらに加工も行なう、いわゆる真珠商人でもあったことを示すものである。

このように御木本が、技術上の独占を破られても、また彼の特許の方法が不利であっても、よく業界での地位をたもち、さらにつぎにのべるように飛躍していけたのは、彼の商業資本家的経営に秘密があったのである。

# 第九　御木本の発展とそれへの抵抗

## 一　海外への進出とその影響

明治の末期より大正期の御木本は、前述のごとき各種の問題を内外にかかえながらも、さらに昭和にかけて真珠商人としては、一段と飛躍した時期であった。漁場の拡張は別として、たとえば前にのべたように明治三十二年（一八九九）に、はじめて東京にささやかながらも御木本真珠店を開いてから、その店は着実にその規模を拡げた。大正初年にはとくに外人客の人気を集め、彼らの日本での観光土産品としては三越の呉服、高島屋の絹織物、安藤の七宝焼とともにミキモトのパールが代表的なものとされたほどである。そこでは、のちにのべる装身具細工工場の拡張と充実による、良質の真珠をあしらったヨーロッパ風の装身具がその人気の中心となった。

海外にも支店をおく

そこで御木本は東京だけでなく、大正元年（一九一二）には大阪市淡路町堺筋にも支店を開いた。また同四年（一九一五）には上海にも支店をおいて海外での直売を行なったが、大正十一年（一九二二）までにはこのほか、神戸支店・ロンドン支店・ニューヨーク支店と計六店舗を持つようになった。しかもその後はアメリカではシカゴ・ロスアンゼルス・サンフランシスコに、インドではボンベイ、中国では北京および南京にも進出するという発展振りである。

外国支店での営業は、真珠の卸売を主としたが、仲買人を入れず海外での直接貿易は、幸吉の青年時代からの夢を実現させたものである。

イギリス宝石商の妨害にあう

こうして御木本の海外への直接進出がさかんになると、やがてイギリスおよびフランスの宝石商から、妨害運動をうけることとなった。まずそれは、一九二一年（大正十）五月四日付のロンドン発行の『スター新聞』が、日本産の養殖真円真珠は精巧な模造品であり、それを真珠として売るのは詐欺行為であると報道したことに端を発した。このためロンドンの御木本真珠店には新聞記者がつめかけ、翌五日からは全イギリスの各新聞社が一〇日余りも、この事件を大きく報道した。

ところで、この事件の背後には、従来の半円真珠は加工品であり天然真珠と競合するものではなかったが、養殖真円真珠の出現と御木本の海外での直接販売は、それまで天然のものを扱っていたロンドンの宝石商に大きな打撃を与えたことに原因があったのである。

しかし、この事件が大きくなると、やがて『タイムズ』や『デーリー＝メール新聞』、さらにオックスフォード大学のリスター＝ジェームソン博士などの学者も、養殖のものも質的に天然真珠となんらの差異がないと発表するようになった。このため、かえってイギリスでは養殖真珠の価値が認められることになった。

### 御木本のパリ真珠裁判事件

ところが、この事件はイギリスだけにとどまらず、当時世界の流行の中心地であったパリにまで波及し、御木本は苦境にたたされることになった。とくに当時、第一次大戦後のフランスでは、宝石や真珠のごとき奢侈品は輸入統制を行なっていたが、この統制権限を政府から委任されていたのが宝石業者の組合であった。この組合がイギリスの場合と同じ理由から、養殖真円真珠を模造品ときめつけて宣伝し、さらにその輸入を阻止しようとしたから、問題はより深刻になった。

そこで御木本真珠店パリ支店では、ただちにフランス国務省と民事裁判所に、その不当を提訴した。この間、ボルドー大学のブータン博士は、学術的に養殖のものが天然真珠と差異がないと確認して公表した。

その結果、輸入統制権は組合の手からはなれて税関が直接管理することとなり、また民事裁判は再三の審理の結果、一九二四年（大正十三）五月からは養殖真円真珠は、養殖であることを付記する必要がないとの判決を下した。すなわち、これから養殖のものも単に真珠として輸入してもよいというのである。

かくして、イギリスおよびフランスでの偽真珠事件は解決したが、このことは単に事件の解決というだけではない。すなわち、これにより、養殖真珠の価値が高められるとともに、これ以後、現在にいたるまで真珠といえば、常識的にむしろ養殖真円真珠をさすことになったという点で、大きな意義を持った。

宮内省御用達となる

ここでも幸吉は、たくましい商魂と執念で「活字と輪転機」を逆に利用しながら、禍をもって福となし、大きく飛躍して行くのである。

かくのごとくミキモト＝パールの名が、国内外で一流商品として通用するようになると、皇室・皇族からの注文も多くなった。たとえば皇宮職からは大正四年（一九一五）から、また東宮職からは同十年（一九二一）から、さらに当時の商人としては最高の名誉とされた「宮内省御用達」に指名されたのは同十三年（一九二四）の一月である。

とくに時の皇太子（現天皇）の御成婚式（大正十三年一月二十六日）に際しては、洋装用の装身具の一切が、一括して御木本真珠店に下命されている。このことは当時としては画期的なことで、それまで皇室の婚儀用の洋装用装身具は、すべて外国に注文するのが慣習であったから、御木本真珠店の信用とその装飾細工工場の技術が、いかに優秀であったかがうかがえる。

事実、当時の御木本金細工工場には、東京高等工芸学校出身などのデザイナーもおり、また工場長としては、わが国貴金属技術および合金学の第一人者であった黒田秀太郎がいた。また大正八年（一九一九）には、第一工場が手作りの高級品製作を中心にしたのに対して、芝区三田豊岡町に機械によるプレス加工の第二工場も増設され、両工場の従業員は一八〇名を越えた。

### 関東大震災による被災

しかし、ちょうどこのころ彼の真珠店および細工工場にも受難の時が来た。大正十二年（一九二三）九月一日の関東大震災である。このとき、銀座四丁目の御木本真珠店は全焼、

鳥羽にネックレス加工作業場を開く

内幸町の第一工場の工員寄宿舎も倒壊した。当時はちょうど前記の皇太子御成婚式用の装身具を製作中であったため、幸吉の心痛は大きかったが、幸い御下命の装身具は無事であった。そこで彼は自らその一切をかかえて、猛火と被災者の波をかきわけ、やっとの思いで宮内省に運びこんだという。なお全焼した真珠店は、震災直後いちはやく、もとの地に木造ではあるが二階建で再建して人々の目をみはらせた。

関東大震災後いち早く再建された銀座の御木本真珠店

さらに大正十三年十一月に、幸吉は多額納税者として貴族院議員にも勅選されている。

このほか、養殖の中心が真円真珠時代に移ると、ネックレスへの加工のために、真珠の穴明け・連組み(穴を明けた真珠に糸を通して連ねる作業)などの新しい加工が必要となった。そこで大正十五年(一九二六)

鳥羽町にその加工作業場を開設したが、当初は民家の一室で数名の女子工員が、手動式ドリルで穴明け作業をしたといい、工場としての形態を整えたのは、昭和三年（一九二八）である。

## 二　養殖漁場の独占

好適漁場の独占と拡張

ところで御木本の養殖漁場は、前にのべたようにはじめは多徳島周辺からはじまり、さらに漁業法が制定（明治三十四年制定・翌年施行）されると、明治三十六年（一九〇三）には英虞湾内の志摩郡鵜方村・神明村・浜島村の地先海面六〇万坪、同三十八年には立神村地先海面五〇万坪を、各村と契約を結んで手に入れた。

また英虞湾での数度にわたる赤潮と冷潮の大被害のあと明治四十一年（一九〇八）には、度会郡五ヶ所村の地先海面二二〇万坪も手に入れたが、とくに五ヶ所はこれから大正を経て昭和十一年（一九三六）にいたる三〇年間、御木本の真円真珠養殖の中心漁場となった。こののちも養殖場は、三重県内を中心に大正六年（一九一七）には度会郡島津村方座浦、同八年（一九一九）には南牟婁郡北輪内村三木浦、翌九年には島津村古和浦、同十年には北牟婁郡引本町矢口浦と度会郡吉津村神前浦と拡張され、大正十四年（一九二五）現在には県内だけで約五四〇万坪となっている。

しかし大正十五年（一九二六）の『御木本養殖真珠調査報告』によると、県内外をふくめて養殖場面積は約五〇〇〇万坪とあるから、県外漁場の方が大きいことがわかる（大正六年沖縄県八重山郡石垣島川平湾、同九年長崎県大村湾、同十年和歌山県西牟婁郡富田村、同十五年石川県鳳至郡穴水町）。しかもこのうえ、海外でも第一次大戦後、いわゆる南洋諸島が日本の委任統治領となると、大正十年（一九二一）ごろからパラオ島にも養殖場をもっている。

ところで、これらのどの養殖場を見ても、古くから天然真珠の産地として有名なところであり、とくに英虞湾内での冷潮被害を避けるのに好適な漁場である。このことを考えると、いかに御木本が前述のごとく特許による技術の独占とあわせて、好適漁場の獲得と独占に力を注いでいたかが推測できる。

安い漁場賃借料

ところで御木本が、それぞれの関係村に支払った漁場または漁業権の賃借料を見ると、決して高いものではない。

たとえば前に述べたように、明治二十六年（一八九三）神明村の漁場約六万坪は、年間わずか五円である（のちに二五円に引き上げられたが）。また同三十六年（一九〇三）鵜方村から借りた一五万六〇〇〇坪は、年間八〇円、同年の神明村の約六〇万坪は、年間二〇〇円という安さである。また同三十八年（一九〇五）立神村から約五五万坪を借りているが、この場合は契約期間二〇年の報償金として「政府発行五朱利付整理公債額

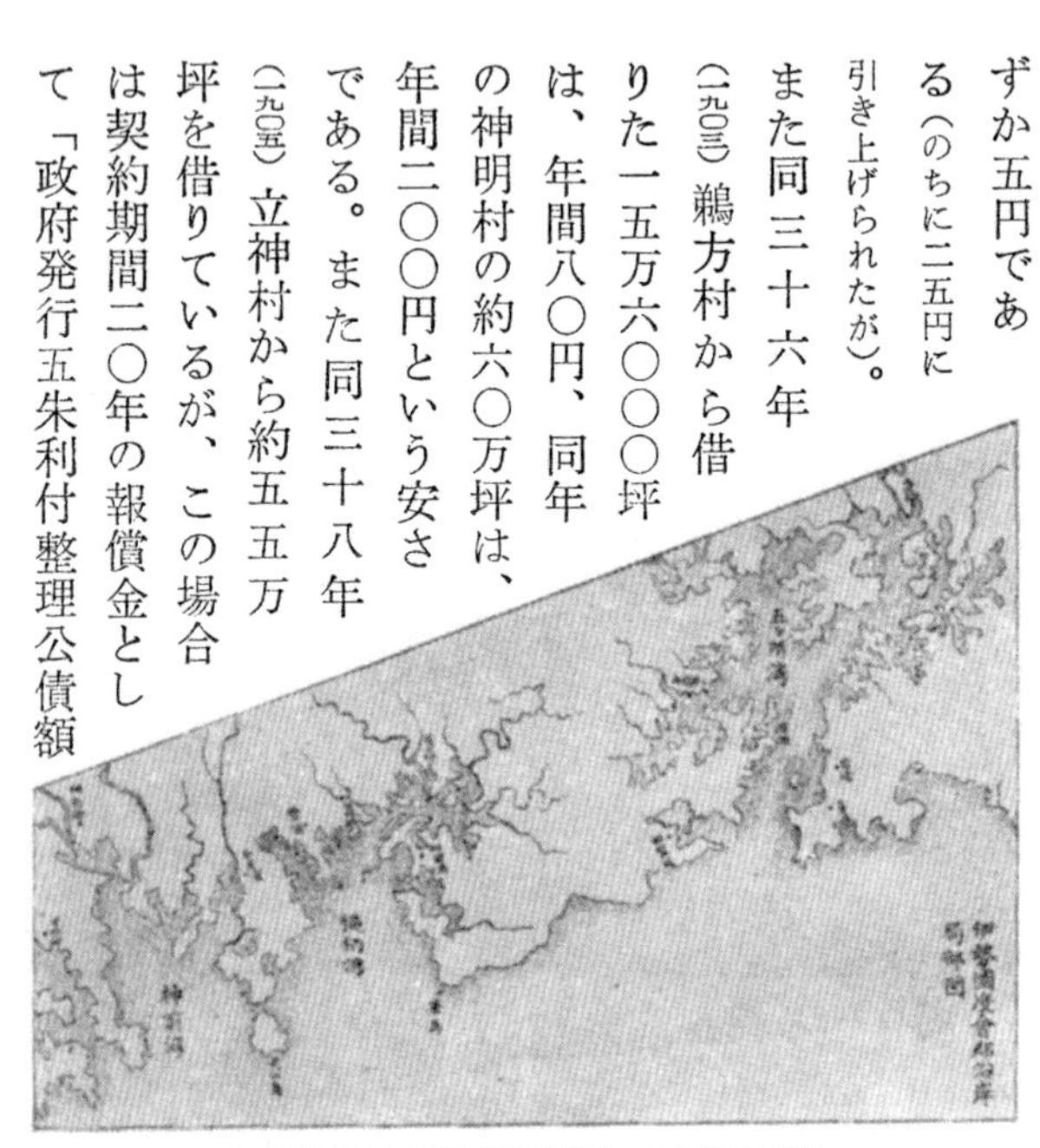

伊勢国度会郡沿岸局部図（明治36年当時）

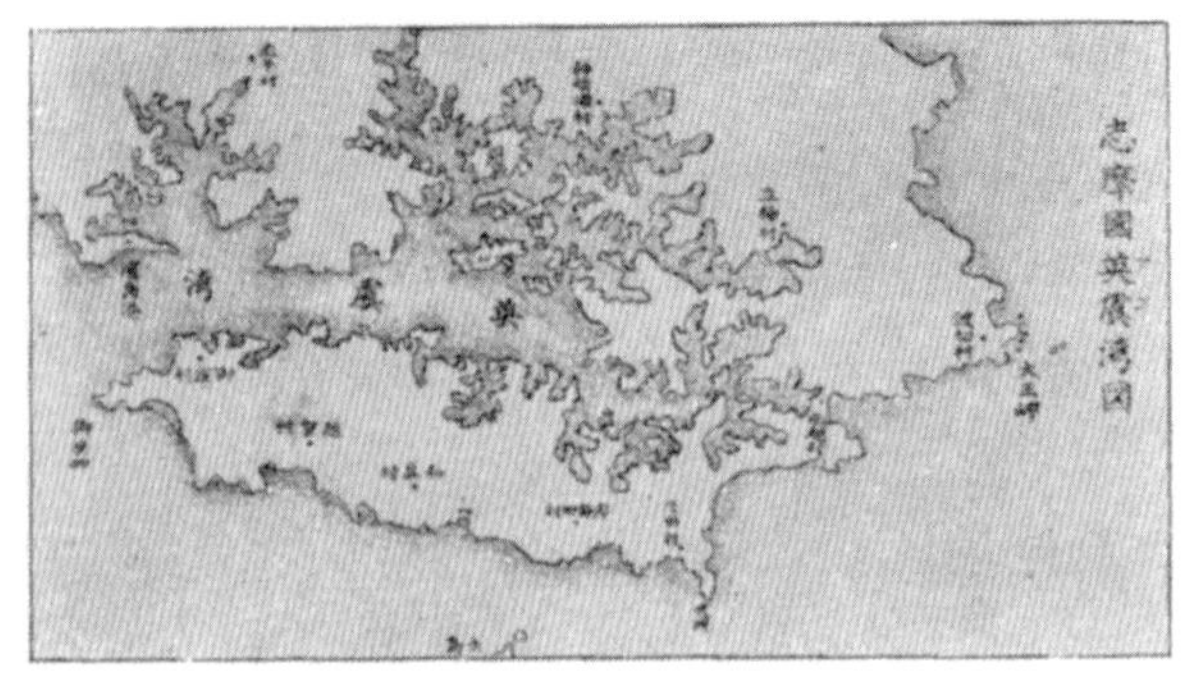


志摩国英虞湾図（明治36年当時）

三重県沿岸と真珠貝主産地（明治36年当時）

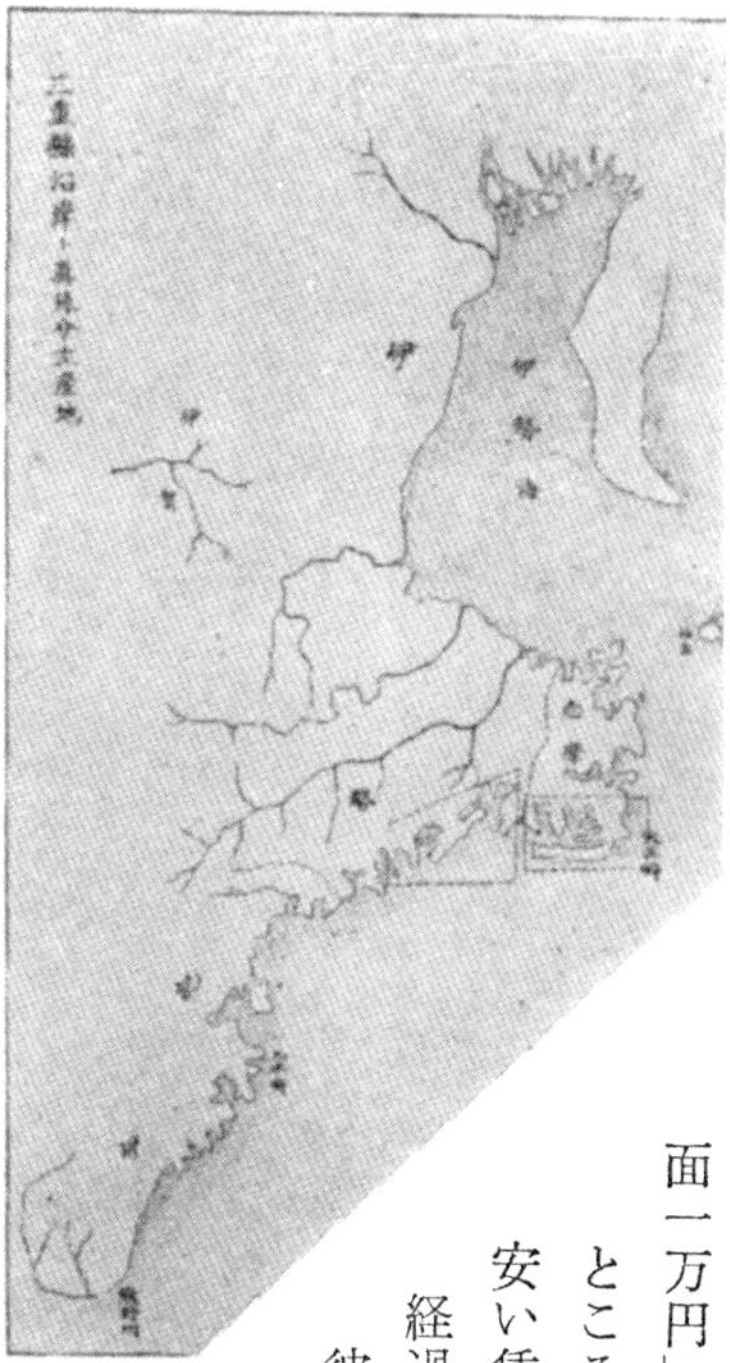

面一万円」である。

ところで御木本が、このような安い賃借料で漁場を手に入れた経過については、それぞれに彼独特のやり口があったのである。多徳の漁場を手に入れるため、彼が打った手のかずかずは、すでにのべた通りである。その他の具体例については一応省略するが、ただ鵜方・神明・立神各村と御木本が交わした契約書から二―三の例を見てみよう。

**恩恵の押売りによって**

たとえば、鵜方村への賃借料は年間八〇円とあるが、そのうち五〇円については「小学校基金トシテ」としている。また神明・立神両村の場合は、御木本は真珠養殖に必要な母貝を必ずそれぞれの村から購入すること、そのうえ神明村では「海士ハ成ルベク多数」村民より採用することを条件としているのである。

これらの条件は、一体なにを意味するのであろうか。まず「小学校基金トシテ」とは、賃借料を学校への寄付金という観念に、巧妙にすりかえているのである。また村民から海士を採用するとか、真珠母貝は必ず村から購入するというのは、村民の収入の増加という恩恵の押売りである。

ところが真珠母貝の購入を条件とすることには、もっと重要な意味がある。それは御木本以外の業者に、関係の村々が母貝を販売することの禁止につながる。すなわち御木本による母貝の独占をも意味するのである。

このほか、彼は志摩郡・度会郡などの多くの村々の道路作り、小学校・青年団・婦人会など、また祭礼にも相当な寄付をしている。それは、村々に彼の恩恵と権威を売りつけることであり、それがまた安い賃借料での漁場入手につながるのである。いかにも商人出身の幸吉らしい、巧妙なやり口である。

もっとも彼のこのようなやり口を受け入れた村民の側にも、問題がないことはない。彼らは地先海面を持つとはいえ、純粋な漁民ではなかった。ほとんどが半農半漁か中には純農村もあった。このような村々では、地先海面を肥料用の海草をとるか、せいぜい副業的な漁業に利用していたにすぎない。

利用度の低い海、金にならない海から、たとえ安くとも賃貸料が入れば結構ではないかという気持ちもあった。そのうえ母貝の買い上げ、労働賃金などの収入が確保できるとなれば、御木本の出した条件は大きな魅力であったにちがいない。

しかし幸吉のこのようなやり口が、すべて成功したとは限らない。たとえば志摩郡越賀村（志摩町越賀）の英虞湾に面した内海は、冬でも水温が高く冷害のすくない真珠養殖にとっての好適漁場である。そこで御木本はこの海に目をつけると、同村からさかんに従業員を採用したり、またことあるごとに寄付をつづけておき、漁場借用を申し入れた。ところが、当時の村の幹部は、彼の腹のうちを読みとり、最後にその申し入れをしりぞけた。つねに「無駄には金をすてぬ」と豪語した幸吉も、ここでは「無駄に金をすてた」ことになった。

### 区画・専用漁業権の問題

御木本の養殖漁場は、このようにして大正末年までは一応、順調に拡張されていった。そこで、この漁場拡張については、当時の漁業法をふりかえって見る必要がある。同法によると、漁業権は定置漁業権・区画漁業権・特別漁業権・専用漁業権にわけられ、真珠養殖業は区画漁業権に、真珠母貝採捕は専用漁業権に指定されて、業者はそれぞれの権利を取ることによって、その事業を保証されることとなっていた（同法は明治四十四年に改正され、漁業権に対する財産的性質を高めた）。

真珠母貝の需要高まる

御木本はこの法律の制定を機会に、県下とくに英虞湾内の養殖好適海面の獲得にのり出したのであるが、立神・鵜方を除く他のほとんどの村々では、すでに古くから天然真珠の採捕によって収益を上げていたため、各村の漁業組合が区画漁業権を獲得し、その権利を御木本に貸与するという形をとっていた。そのため、これらの村々では漁業権の免許更新の場合には、漁業組合が主導権を持ち御木本側に対して有利な発言ができた。ところが鵜方・立神などでは、地先海面を御木本に貸付けて、区画漁業権は御木本の名儀で獲得されていたため、村側の御木本への発言権は弱い立場におかれていた。

## 三　対御木本漁業権闘争

ところで御木本の漁場獲得と独占、そしてそれにもとづく彼の事業が有利に発展すればするだけ、真珠養殖業ならびにその基礎となる区画漁業権・専用漁業権獲得の問題が、一般に関心をよぶようになるのは当然である。

ことに御木本の漁業権が満期（二〇ヵ年）になる大正末年には、すでに御木本の特許による技術独占はやぶれ、しかも西川・見瀬の真円真珠特許の分権が行なわれ、営業の自由が確立されて養殖業者が増加したため、急速に真珠母貝の需要が高まってきた。しかも当時は、いわゆる昭和恐慌につながる時期であり、一般的に物価が下落しつつあるのに対して、真珠母貝の価格だけは、維持ないし上昇すらしていた。このことが真珠母貝の価値の認識を高めた。

たとえば立神村では、御木本に二〇年間一万円、年利五〇円で母貝採捕権をふくめて貸付けていた（立神では母貝採捕の専門漁業権は同村漁業組合が持っていたが、初期の真珠養殖法が施術貝を海底にばらまく「地蒔き式」であったため、施術貝と天然母貝との区別がつかぬという理由から、母貝採捕権も事実上は御木本の区画漁業権の中にふくまれていると解釈されていた。このため御木本の漁場内で、立神の村民が母貝採取の専用漁業権を行使して窃盗罪で告発された事実もあった）。

しかし当時、母貝は一貫目三円五〇銭という高値で取引きされており、立神で年間五〇〇〇〜一万貫採捕できるとしたとき、一万七〇〇〇〜三万五〇〇〇円の収益があるわけである(大正十五年、米価石当たり約三八円)。

垂下式養殖により漁場に余剰ができる

しかも大正五年(一九一六)ごろから、だんだんと真珠養殖法が「地蒔き式」から現在のような「垂下式」に一般化されて集約的養殖がなされるようになると、それまでのように広い海面を必要とせず、余剰の漁場ができてきた。このことがまた、漁業権満期・更新を機会に漁場を御木本から奪回しようとする空気に拍車をかけた。このような状況の中で、御木本の漁業権満期にあたる大正末期に、鵜方村と立神村などで御木本の漁場独占に対する闘争がおこされるのである。

鵜方村における漁業権奪回運動

まず鵜方村では契約期間二〇年の満了した大正十二年(一九二三)、御木本から区画・専用両漁業権を奪回すべく、両漁業権免許の申請を三重県知事に出願した。しかし御木本でも区画漁業権存続期間更新の申請をして、これに対抗した。ここに同一海面に、同一権利の申請が二名の業者からなされたわけである。

不思議な鵜方への不免許処分

ところが、もともとこの海面は御木本においても過去二〇年間、ほとんどその漁業権

必要以上に御木本に好意的な知事の見解

を行使した事実がなく、このことは三重県庁も認めていた。しかも大審院判例(大正十一年、水第五四〇号、大審院第一刑事部判決)では、区画漁場で二年以上引きつづき休業あるときは権利更新を認めないと、あるにもかかわらず、三重県知事は鵜方村に不免許処分を下し、御木本に更新を認めた。

この間の経過を、三重県庁に残されている関係文書や書簡から見ると、当時の柴田善三郎知事が、御木本に更新を認めた理由書に、もし御木本に免許を認めないときは「国家的産業タル真珠養殖業ノ安寧ヲ害シ……該事業ノ改良発達ニ支障ヲ及ボスコトトナルベシ」とし、また同知事が農商務大臣に提出した書類にも、御木本が「多年営々辛苦シテ多大ノ労力ト巨額ノ投資ニ依リ開拓シタル漁場(前述のごとく御木本はこの漁場を二〇年間ほとんど使用していないことを県も認めていたことに注意――筆者)ノ価値ヲ減損シ事業ノ安定ヲ失シ……」としている。

そのうえ真珠貝採捕の専用漁業権免許に関しては、御木本がかえってその漁場の一部に免許を認めてもよいとの意向を、県にもらしていたにもかかわらず、知事は農商務省に伺いをたてた結果、同一漁場内で養殖中の施術貝と天然のものとの区別がつかず、御

六ヵ年を経て鵜方村は妥協

木本の真珠養殖業に障害をきたすとの理由から、鵜方の専用漁業権申請も却下している（当時の養殖法が「地蒔き式」から「中層垂下式」に変っていて、施術貝と天然貝との区別がつかないとの理由は成りたたないのだが）。

これらのいずれをとっても、必要以上の御木本への好意的態度といわざるをえない。当時の御木本の社会的地位と権威をあわせて考える必要があろう。

この処分に対して鵜方村では直ちに、大正十二年（一九二三）八月二十七日付で農商務大臣に訴願を提訴したが、三重県庁では当時、更新期にきている他の村々にも、これが動機になって問題が拡大することを恐れ、極力鵜方村の提訴取下げと御木本との妥協を勧告した。このため鵜方村内にも分裂がおき、処分保留のまま実に六ヵ年を要し、結局昭和五年（一九三〇）に鵜方側から訴願を取下げ、十二月七日に契約書を交わして賃貸料の値上げという形で妥協した（⑴大正十五年より昭和五年までの期間に対し一〇〇〇円を出す。⑵昭和五年より昭和十七年まで毎年二五〇円を出す）。

ところで、この契約書の第七項に「免許期間満期ノ後ト雖モ御木本幸吉ニ於テ養殖区劃漁業ヲ継続スルモノトス」とあり、これは明治三十六年当初の契約書にあるものと同じであるが、これでは御木本が養殖業を継続する限り、永久的にその権利を御木本に認めたものであり、一体長年月をかけた、なにのための闘争であったかといいたい。

なお、この契約書と同時に御木本の出した「覚書」によると、「御木本幸吉ハ本年鵜方神社御造営ニ当リ金壱千円ヲ鵜方村ヘ寄附シ、又同村小学校ノ増改築ニ際シ其ノ費用ノ内ヘ金壱千五百円ヲ寄附」とあり、ここでも御木本特有の方式で幕を閉じている。

### 鵜方村の妥協と世界恐慌

ところで、六ヵ年という長い年月をかけての鵜方村の対御木本漁業権闘争が、このような妥協で終っているのはなぜであろうか。そのひとつは、まず時代的背景である。昭和五年（一九三〇）といえば、その前年にアメリカのウォール街での株価の大暴落によってはじまった世界恐慌に、わが国もまきこまれた年である。この年を境にして日本の資本主義も深刻な問題に引きこまれ、街には失業者があふれ、株価はもちろん諸物価も暴落した。そして米価をはじめ、対アメリカ輸出に依存していた生糸の原料である繭価の暴落によって、農村にも恐慌がおしよせた。

ところで英虞湾に面した鵜方村は、漁村または半農半漁の村と考えられやすいが、当時の鵜方はむしろ純粋な農村であった。昭和九年（一九三四）のこの村の生産総額をみると約一八万円であるが、そのうち農産物は約一五万円で八〇パーセントを占めており、水産物はわずか五三六円である（農産物は米がその大半を占め約八万円弱、ついで「鵜方の一番茶」とよばれて新茶のなかでも早期に出荷されるので全国的にも有名であった茶が約三万円弱、繭が約六〇〇〇円弱、その他である）。

そこで問題は、このような農村である鵜方が米価（とくに志摩郡ではあまり良質の米は産出されない）と繭価、そして新茶という一種の奢侈品である茶の価格の暴落から、深刻な農村恐慌にまきこまれる時期に、対御木本闘争の解決が行なわれていることである。ここに妥協をせまられた原因のひとつがあった。

### 村内事情による分裂

さらに、もうひとつの問題は明治初年からつづいた村内事情である。鵜方では明治初年にある種の事件の訴訟にからんで、村内が東西の二派に分裂し、この時代にも村は東部・西部、さらに極端な言葉で原告派・被告派とさえよばれて対立していたという。この村内の分裂が、対御木本闘争への強力な統一を不可能にしたのである。この点、つぎにのべる隣村の立神村が徹底した統一を保って、御木本と闘ったのと比べると、まことに対照的である。

**鵜方村問題の影響**

しかし鵜方の対御木本闘争が、結局妥協という敗北に終ったにしろ、それは単なる失敗ではなかった。まず大正十二年（一九二三）に鵜方村が、御木本に対して漁業権奪回のためにたちあがったことは、同じ条件を持つ英虞湾沿岸の村々に大きな刺激と、権利への自覚を与えたのである。

たとえば大正十二年七月十一日の『三重新報』は、「英虞湾の脅威　真珠王御木本の海面壟断を惧れて漁業権回収の大騒擾」との見出しで、つぎのように報じている。

> 鵜方の森本確也氏を代表として交渉。漁業法の適用と臨海町村民の脅威。県は情宜的契約を勧告す。……折角の海面を所有しながら永久に我々町村の漁業権とならず横暴なる御木本の壟断に任すは残念なりとして、各町村は期限満了の際、移して自村に権利を収めんことを図り、地主対小作人に見るが如き稍悪化したる運動方法をもつて御木本……に折衝が交されているのである。……沿岸各村等も……常に対御木本間は円満を欠き波瀾絶えず。最近議会に於いて漁業法の改正を見んには之又自村保有の権利の動揺が当然脅威さるる模様あるより、此際浜島・鵜方等と共に大いに此点につき自村権利の擁護に努め、共に海面の専断者御木本に対し、或種の追契

約を要すべしなぞ主張し、意外にも湾内各町村に一斉運動が開始され相(そう)な気勢となった。……

また鵜方村内の分裂による失敗が、隣村の立神村の対御木本闘争の場合に、一〇〇パーセント教訓となって生かされて、それを成功にみちびいているのも見逃すことはできない。

## 四　立神村における漁業権闘争

立神村の場合

鵜方村の場合と対照的であるのは、大正十四年(一九二五)におきた、立神村の対御木本漁業権闘争である。この村の闘争は鵜方の場合とちがって徹底して組織的であり、あくまで妥協を許さず戦闘的であり、つねに村内の統一と秩序を保ち、戦術のうえでも当時としては他に類を見ることができぬほどのものを用いている。

ところで立神での闘争は大正十四年六月に、この年の十二月が御木本の区画漁業権にもとづく漁場賃貸契約が満期になるため、村議会でその対策が取り上げられたのに端を発した。しかし、はじめ村当局としては隣村鵜方の難行を見聞していたため、賃貸料の値上げの要求程度を目標と考えていたようである。

全村民的権利として意見統一

ところが六月十五日に「真珠養殖講習会」という名称で、村民の対策問題座談会がもたれたとき、それまでは数名の真珠業者および漁業者の要求であった問題を（当時の立神には専業漁業は一戸もなく、兼業漁業者もわずか三〇戸という農村）、これを機会に漁業権を御木本から奪回し、村自体が区画漁業権を持つべきであると決議して全村民の問題に発展させたのである。

そして同月十八日には、はやくも全村民の意思統一と具体策を図るため村民大会を開催し、村の地先水面は祖先伝来の入会地であり、そこでの漁業権は村民自らが持つべきであると決定した。そしてその場で、まず立神村漁業組合の名儀で真珠養殖の区画漁業権を獲得すること、またそのための代表委員四七名、対御木本交渉委員一〇名を選出、さらに村内全戸（但し寺院および寄留者を除き二一八戸）を漁業組合員に組織することも決議した。

闘争を指導した人々

こうして短期間のうちに、はじめは数名の業者の問題を、全村民のものとして統一・結束し、これから徹底した闘争をくりひろげて行くのであるが、ここで、この闘争を当初および最後まで指導した人物を見る必要がある。まず当初、あくまで御木本と闘うべきであると一部の村民に奮起を促したのは、当時の真珠業界で反御木本派の中心人物であった神戸の大久保忠礼である（和仏法律学校――現法政大学出身。新聞記者の経歴を持ち当時の業界での知識人であり、長東・北村らの対御木本事件のときも、見瀬辰平への御木本らの干渉のときも反御木本派の代表として活躍）。

ついで、この闘争の過程で最後まで徹底して村民を指導したのは、大西幸吉と大西杜象（としょう）である。大西幸吉についてはつぎにのべるとして、杜象は明治十七年（一八八四）立神村に生まれ、税務署雇・志摩郡役所書記を経て、大正六年（一九一七）立神村収入役、同十四年助役に就任し、闘争中、東奔西走した大西幸吉の女房役として活躍し、のち昭和十年（一九三五）には、この闘争の十周年を記念して『立神漁業組合・真珠介区劃漁業権獲得史』を執筆した。

### 大西幸吉

大西幸吉は、この問題がおこると全村民の組織と団結をはじめ、闘争の方針と戦術をたて、自らつねに先頭に立って闘い、運動を成功にみちびいた人物である。彼は明治十四年（一八八一）立神村に生まれ、高等小学校卒業後、一時小学校の代用教員をつとめ、のち鳥羽商船学校（現鳥羽商船高等専門学校）に学んだ。卒業後は日露戦争に従軍、戦後は大阪商船に入社して二ヵ年の船員生活を送った。そして明治四十三年（一九一〇）二十九歳の時、アメリカに着

アメリカで労働運動の経験

いた船からそのまま抜け出して移住した。いわゆる密航である。

アメリカ移住後の大西の生活は、波乱にとんだものであった。はじめは日本人移民のほとんどが経験した皿洗いなどからはじまり、各種の労働に従事したが、のちにカリフォルニア州でドイツ人経営のコーヒー園の管理人となり、さらにユタ州のマグナユタ製銅会社に就職した。そして一九一九年(大正八)の不況時に同社を退職したが、特記すべきことは、この間、同社で労働運動の指導をした経験を持っていることである。

在米当時の大西幸吉

のち一時、カリフォルニアで友人と石油採掘権を買い、採掘には成功したが資金がつづかず事業を放棄し、さらに同州でカツオ漁業に従事し、大正十三年(一九二四)五月に帰国して、父の跡をつぎ立神村で農業に従事していた。

ところが彼の帰国の翌年、漁業権問題がおきたのである。この闘争の中で、彼の経歴が示すアメリカでの労働運動指導の経験が、一〇〇パーセント生かされたのは不思議ではない。しかも、時あたかも、いわゆる大正デモクラシーの時代である。

これから大西幸吉の作戦と指導による、御木本との闘争がくりひろげられるのであるが、相対する両者がともに「幸吉」であるのは、奇しき因縁というべきであろうか。

## 御木本との交渉はじまる

いよいよ大正十四年六月二十日に、第一回の対御木本交渉が行なわれることとなった。この日の朝、村長をはじめ大西幸吉・大西杜象・大西巳之助など一一名の交渉委員は船で多徳島に渡り、御木本側の斎藤信吉代理人に区画漁業権の返還を申し入れた。この時の交渉は単なる意思表示にすぎず、確答を得ずそのまま帰村した。ついで七月六日の第二回の交渉も確答を得ることはできなかったが、七月二十四日の第三回交渉で代理人から「主人に相談した処、絶対に立神の要求を容れるわけに行かぬから、断然断ってしまえとの話ゆえ、もはやこの問題に就ては今後御交渉の余地ないものと承知されたい」（『立神村漁業組合・真珠介区劃漁業権獲得史』——以下『獲得史』と呼ぶ）と強硬な態度の返答であった。

ところが、同月二十七日になると急に斎藤代理人が立神をおとずれ、二〇年間一万円のほか、年額一〇〇〇円を出すとの条件、すなわち賃借料の値上げの形で解決を申しこんできた。しかし、この申入れに対して村民は、御木本幸吉本人との直接交渉を持ち、絶対権利を奪回すべきであると決議し、翌二十八日、大西杜象ら三名の委員は多徳島に御木本幸吉を訪ねた。

**御木本の態度に交渉決裂**

御木本幸吉は、はじめは面会を避けたが、三委員の強硬な態度に「一〇分間だけ」という条件で直接交渉に入った。この時の状況を『獲得史』により見ると、

……反り身になつて倣然と控え込んだ御木本氏の面上には、明らかに憤怒の色が表はれて居た。……氏は待ち構へた如く口を開き、例の人もなげなる大法螺で、余等一行を煙に巻かうと出られた。……余が（御木本幸吉——筆者）この事業は何処までも国家的事業で……一身一家の私利私慾を目的とするもので無い。……余が事業の今日あるのは多年苦心奮闘の賜もので……随って立神村の如き百姓と大工とで渡世して来た村民が、何等の経験も無くして真珠養殖などに手出しするのは極めて危険事であり、……左様なつまらぬ考へを起さず……百姓や大工で世渡りするのが得策であらう。

と高飛車に出ると同時に、得意の大言壮語をあびせた。

真珠介区劃漁業なるものは、漁業法制定当時、余が時の総理大臣桂公に頼み込んで、漁業種目の中に入れさせたものであるから、謂はばこの漁業権は余が事業の上に与へられたる特権であつて、今日国家が法律を以て余が事業を保護するのは当然であることも考へずして、横合ひから漁業権を渡せなど云ひ出すは、不都合千万……権利を得んと欲するならば、勝手に知事に願つて取つて見るがよい。……余を相手に暴力に訴へようと云ふならばそれも構はぬ。真珠を前に血を見て斃れるのは余の本望……

と、まことに傲慢な態度とハッタリである。

御木本幸吉の誤算

しかし、ここに御木本の大きな誤算があった。立神には鵜方のような分裂はない。全村民の権利への自覚と完全な意思統一はできていたのだ。御木本得意のハッタリや浪花節的威嚇は通用しないどころか、彼の暴言は逆に村民を奮起させる格好の材料となった。

このことを『獲得史』は、

却て(かえつ)同氏の非人格振りを暴露し、吾人をして漁業権獲得の陳情に、運動に有利なる口実を得せしむるに至つたことは、お気の毒至極。と皮肉っており、しかも、これを機会に立神の団結はいっそう固まり戦闘的になるのである。

まず立神は御木本と競願で闘う

ちなみに、乙竹岩造著の『伝記』によれば、

あるとき桂と曾爾とそして幸吉と三人で食事をした。そのとき曾爾は桂に向って、この御木本から大言壮語と自慢とが無ければ、じつに良い男だがナーと言ったら、桂は笑って、その二つを取ってしまえば、御木本には何も無くなるじゃないか。

とある。その桂の名前を出して御木本は、立神の委員に大言壮語をあびせて、しかも立神の戦術におちこんでいるのも皮肉である。

そこで立神村では、いよいよ区画漁業権の獲得のため三重県庁宛に免許の出願と、知事への陳情を行なうこととなった。このとき大久保忠礼は、わざわざ神戸から応援のため駆けつけて、「徹底的に御木本の非理を説き、且つ斯業界の現状を表はして県当局の注意を喚起する必要がある」（『獲得史』）と忠告し、大西杜象とともに長文の陳情書を作製した。

八月十九日、大西幸吉・杜象と村長の三名は、山岡国利三重県知事および水上内務部長に面会して口頭による陳情を行ない、免許願書および陳情書は志摩郡役所を経由して提出した。ところが、これより一週間ほど前に御木本も免許願を提出していたから、同一海面に同一漁業権が二名の者から出願され、いわゆる競願となったわけである。

立神村真珠介漁業権獲得同盟会

この段階で立神村では、役員や委員によるいわゆる請負的闘争を避け、全村の一層の結束を高めるために八月二十四日の村民大会で「立神村真珠介漁業権獲得同盟会」を結成した。同盟会会則第三条によれば、その任務は「㈠村民ノ結束ヲ確ニシ民衆ノ意気発揚ニ努ムルコト、㈡村当局ヲ鞭撻シ目的達成ヲ期スルコト」などとなっている。また同時に、この大会で決議文を議決しているが、その中に「村ノ一致ヲ欠ク如キ言動ヲ為ス者アルトキハ峻厳ナル制裁ヲ加フルコト」とあり、これがのちにのべる全村民より誓約書をとること、さらに闘争の終了後に行なわれた民衆裁判の根拠となるのである。

自警団の結成

この事態の中で、二十六日には青年会と在郷軍人分会の連合総会がもたれ、ここでも決議文を採択し、さらに御木本からの切りくずしと、村民の裏切り行為を防ぐために両会員によって自警団を結成した。その決議文から二―三を抜粋すると、「㈠……愛村ノ赤誠止ミ難ク玆ニ一致協力シテ……奮闘善戦以テ最後ノ必勝ヲ期ス、㈢機ニ臨ミ変ニ応ジ最モ有効ニ正々堂々タル示威運動ヲ行フト共ニ、必要ノ場合ハアル種ノ制裁ヲ執ルコト」とある。

これから同盟会・青年会・在郷軍人分会の三団体が、同一歩調で村民の統一を図り、御木本に対する闘争をつづけていくのである。この組織づくりに、大西幸吉のアメリカでの経験が生かされたのはいうまでもない。

**演説会とデモ行進**

同盟会と自警団が結成されて村内の組織が固まったところで、村民一般の闘争意欲を高めるために九月四日の夜、演説会と村内でのデモ行進が行なわれた。

この計画と宣伝歌・宣伝ビラの文章などのほとんどは、大西幸吉の企画と作成である。演説会での弁士は老若あわせて二三名であったが、その中から若干の演題を掲げてみよう。「区劃権競願ニ付御木本ニ反省ヲ促ス」「御木本幸吉ハ人乎獣カ」「一己ノ御木本ニ一村ノ立神ハ欺カレテ黙スベキカ」「権利獲得ハ吾人ノ義務ナリ」「資本主義的横暴者ヲ湾内ヨリ駆逐セヨ」（○印の箇所は『獲得史』における伏字。つぎの宣伝ビラ文および宣伝歌の場合も同じ——筆者）。

また当日、村内各所に掲げられた宣伝ビラを見ると、「吾等ハ克タザルベカラズ、己ニモ御木本ニモ」「村ハ背水ノ陣ニ置カル、今ハ進ムノ途アルノミ」「民衆ノ力強キカ一己ノ御木本強キカ」「挑戦セシハ御木本ナリ、立神ハ飽ク迄応戦セザルベカラズ」「暴ヲ以テ暴ヲ撃ツベカラズ、吾等ハ真ニ平和ヲ愛ス」「立神ニ権利ヲ譲ルハ御木本ノ不滅ヲ意味シ、立神ノ権利ヲ奪フハ御木本ノ自殺ヲ表明ス」「真珠王ヲ拝セヨ、千万長者ヲ讃セヨサレド白昼ノ公盗ヲ学ブベカラズ」「御木本ヲ愛セヨ、彼レハ悪人ナレバナリ」などとあり、御木本に対する闘争意欲と村民の団結を、いかにつよく訴えたかということがよくわかる。

演説会は夜十一時までつづけられ、折からふり出した雨の中を参会者全員は「漁業権獲得宣伝歌」を唄いながら村内をデモ行進し、最後に村社に参拝し、万歳を三唱して解散した。

漁業権獲得宣伝歌

そこで、つぎにこのデモ行進をはじめ、闘争中ことあるごとに唄われた数種の「漁業権獲得宣伝歌」の中から、その一―二を掲げてみよう。ここでわざわざ、長文の宣伝歌をかかげるのは、これらの歌詞をみれば立神村の対御木本闘争の大要と、村民の覚悟のほどがうかがえるからである。

宣伝歌　その一（軍歌「道は六百八十里」の節で）

英虞(あご)湾頭の立神は、古来真珠の生産地、
祖先の伝える慣行は、漁権となりて村のもの、
養殖真珠の御木本に、貸して今年で二十年、
正直律儀の村民は、こがれし満期を悦べり、
期待は夢よ嗚呼(ああ)悲憤、彼は冷笑又悪罵、
権利をかたり名を奪ひ、法規を楯に嘯(うそぶ)けり、
瘠せて貧しき吾が村も、如何でか彼に屈すべき、
傲慢無礼の御木本は、貴族議員の名をけがし、
貪慾無礼の御木本は、国益笠に私利私慾、
千万長者となつたるも、議員とすます厚顔も、
貧慾飽くなき証拠なり、湾内争議は彼れのため、
資本主義的横暴者、人道平和の敵は彼れ、

吾等は権利に目醒めたり、吾等は正義の味方なり、
競ふて勝たん御木本に、願ひを達せん吾が村に、
挙村一致堂々と、進めや進め驀（まつしぐ）ら、
村に人間住む限り、海に真珠のわく限り、
神も照覧ましまさん、仏も加護せん吾が村を、

## 宣伝歌　その二

明治三十八年の、極月（ごくげつ）二十八日は、
我が立神の海貸して、権利取られしその日なり、
月日流れて二十年、更新期日は迫りたり、
御木本名儀の漁業権、回収するはこの秋（とき）ぞ、
自覚に燃ゆる村民の、叫びは天にこだませり、
御木本如何にもがくとも、免許のかぎは知事にあり、
村の勝利かはた不利か、興廃栄枯のわかれみち、

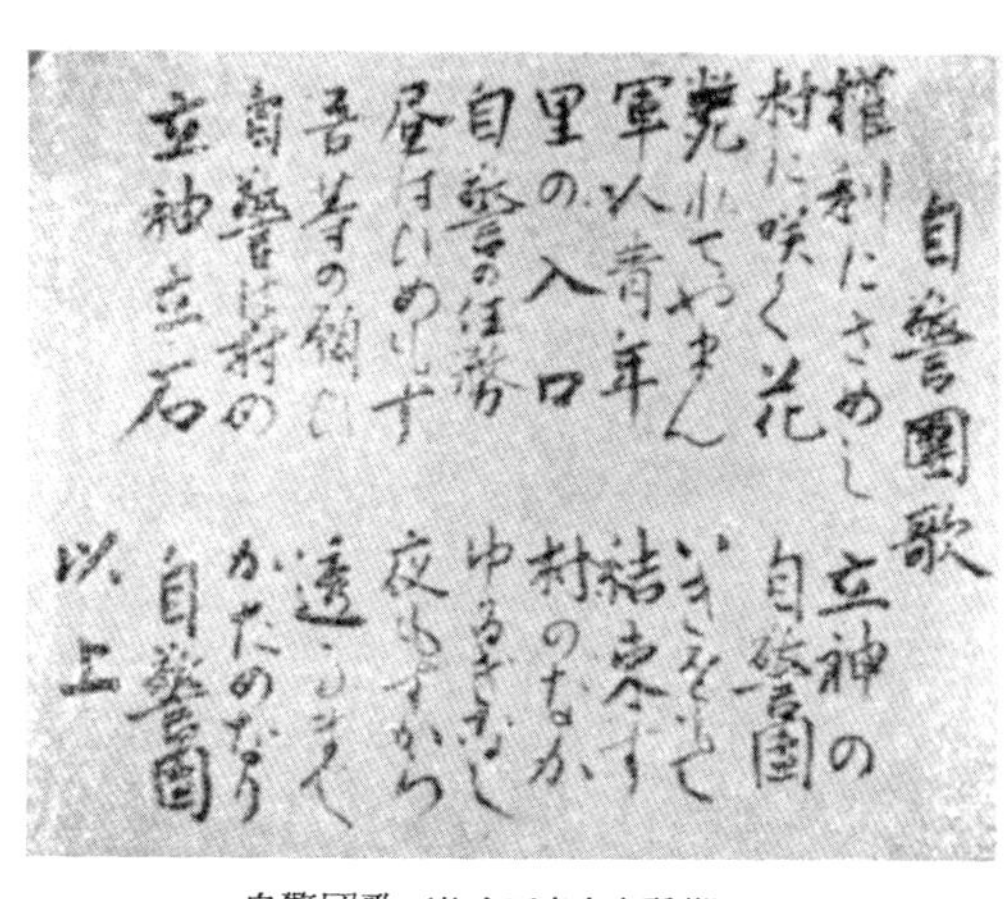
自警團歌
權利にさめし立神の
村に咲く花自警團
甦れてやまんいきをもて
軍人青年結束す
里の入口村のなか
自警の任務ゆるぎなし
昼はひねもす夜もすがら
吾等の願ひ透るまで
自警は村のかためなり
立神立石自警團
以上

自警団歌（故大西幸吉家所蔵）

村社に祈る老若の、至誠は天に通ずらん万一ならぬその時は、村に最後の覚悟あり、宗吾も出でん義士もたて、ここぞ命の捨てどころ、
村は野原と化するとも、千人塚を築くとも、命にかえよこの権利、権利は吾等の命なり、

自警団歌

権利にさめし立神の、村の花なる自警団、
甦れてやまんいきをもて、軍人青年結束す、
里の入口村のなか、自警の任務ゆるぎなし、
昼はひねもす夜もすがら、吾等の願ひ透るまで、
自警は村のかためなり、立神立石自警団、

尾崎咢堂に法理で攻めよと教えられる

この演説会とデモ行進で村内の闘う体制が固まったところで、対外的には免許の権限をもつ県知事はもちろん、その上級官庁である農林省（大正十四年四月、農商務省は農林省と商工省にわかれた）への働きかけが必要であるとの意見がでた。

そこで九月十二日、新しく漁業組合長となった大西杜象は大西幸吉・滝鼻委員とともに三重県知事さらに農林省、そして志摩郡一帯を固い選挙地盤としていた尾崎咢堂（がくどう）をたずねるために村を出た。

まず県庁に山岡知事をたずねると、知事はすでに手もとにとどいていた陳情書を、三名につきつけ、その内容は事実無根の御木本への中傷であり受理できぬと、御木本の言葉を一方的に信用した高圧的な態度であった。

そこで三名は早速上京し、まず軽井沢別荘の尾崎を訪ねた。尾崎は「法理で攻めるか泣きを入れるか、村の進むべき道をハッキリ定めてかかれ」と説き、弁護士を紹介した。

農林省に出頭し水産局長より確答をとる

九月二十二日には、農林省水産局に出頭し、水産局長・漁政課長らに面会し問題の経過を説明するとともに、漁業法の解釈について質問した。とくに同一海面に御木本が区画漁業権を、立神が専用漁業権を持ったことによる矛盾、たとえば御木本の養殖中の施術母貝と区別がつかないという理由から、立神が持つ天然真珠貝採捕の専用漁業権が行使できない点、およびそれを理由にして専用漁業権を持たない御木本が天然真珠貝を押え、しかもその採捕まで行なっている点は漁業法違反ではないかと質している。

また二〇年前の御木本との契約で、慣行上権利を持つ立神の組合が、総会の決議を経ることなく御木本に、区画漁業権を譲っているのは漁業組合法第二〇条違反であり、それにもとづいた御木本との契約は無効と考えてよいかとも質問している。問題の核心をついた質問である。この質問に水産局長は「お尋ねの要項はすべて其通りであるとお答へする外ない。……万一訴願などによつて問題が本省の手に移さるる時が来たならば、充分考慮して御希望に副ふやうに致さう」と、三重県知事とはちがい、筋の通った、しかも好意的な解答であった。

まこと尾崎のいったごとく「法理で攻める」必要があり、しかもその効果があったわけである。三人は上京した効果を持って村に帰ると、これから村民に法規の自主的学習をすすめ、自信に満ちた闘争をくりひろげて行くのである。

この農林省への陳情の結果が、三人により村民大会で報告されると、村内の結束をよ

全村民より誓約書をとり結束を固める

誓約書（故大西幸吉家所蔵）

り一層かため、御木本からの買収その他の切りくずしを防ぐための手段がとられた。それはまず、十月に入って全村民から上掲の写真のような誓約書を提出させたことである。

この誓約書の第三項に「飽ク迄挙村一致ノ行動ヲ執リ、之レニ反スル場合ハ一家ノ全財産ヲ提供シテ本問題ノ費用ニ当ツルハ勿論、如何ナル制裁ヲ受クルモ異存無キ事」と、きびしい誓約があるが、これがまた闘争が終った後の「民衆裁判」の根拠となるのである。

またこれと同時に、立神村民のうち御木本養殖場に勤務する者をすべて退職させている。これは雇用主としての御木本の恩恵の押し売りによる村民の分裂や、村内の情報のもれるのを防ぐ手段である。

自由交談所を設ける

こうして半ば強制的な手段で、闘争の体制を整えると同時に、自主的な討論による村民の意思統一と学習、さらに闘争意欲を高めるために「自由交談所」まで設けている。ここでも大西幸吉のアメリカでの経験が生かされて、これが鵜方とちがった結果を立神にもたらす原因のひとつとなったのである。

御木本養殖場へデモ

ここまで村内の体制が整ったとき同盟会・青年団・軍人会の三団体では、御木本に対して村民の覚悟のほどを示すため、多徳島の御木本養殖場にデモをかける必要があるとの意見が出た。

ところが、ちょうどこのころ十月二十日付の『大阪毎日新聞』に「真珠王への反逆」と題する記事が掲載された。それによると、御木本と県当局の談話として、御木本は「立神村への条件としては従来の年額一万円の外に、わずかばかりの新区劃を加へて年額二千円づつ増額してやらうといふのであり」といい、県当局は「御木本氏から漁業権を取上げてやらうと企てて居るのは、要するに従来の報償金年額一万円が不足だから増額を認めさせんがための運動」と、まったく一方的な意見が報道されている。

二〇年間一万円を、年額一万円との誤報はもちろん、全村民必死の闘争を、単なる報償金増額のための運動にすぎないと、この段階でもまだ御木本も県当局も考えているのである。この報道が立神村民を刺激したのはもちろんである。そこで十月二十九日朝、三団体の会員約一〇〇名は、大西幸吉の指揮のもとに漁船一一隻に分乗し、宣伝歌を高唱しながら多徳島にデモをかけた。御木本幸吉は留守のため、直接談判はできなかったが、全員は応接室になだれこみ気勢をあげて引きあげた。

このことが、のちに面会強要・暴行事件となり、大西幸吉と軍人会長・青年団長の三名は、鳥羽警察署長から警察犯処罰令により処分されることとなるのである。

**高等自警団結成**

またこのころから、一種の警備警察的な「高等自警団」とよばれるものまででき、団員は交代で昼も夜も村内および村の出入口を警戒し、村外の者はもちろん村民であっても、村に出入するものは行き先を質(ただ)すだけでなく、徹底的な尾行までして、御木本や県の切りくずしを防いだ。

**自信を持って闘争目標を確立**

多徳島へのデモの翌日、十月三十日付の『大阪朝日新聞』を見よう。

> 争ひは、それがいかなる人、いかなる理由、いかなる場合を問はず醜い。富める者がヨリ富むために、多数の貧しき者と争ふときに、それは最もみにくい。

三重県の前多額議員にして真珠王として、その名を知られた御木本クンと立神村民との間に、同村沖合の漁業権問題の争ひがおこつて居る。雙方とも相当ないひ分があるらしい。ことにそれを法律的に見た場合、どちらが有利な立場にあるかといふことは、最初からの事情を知らない第三者の立ち入るべきことでないが、しかしこれを條理上から見るならば、問題の解決は別に困難なものではあるまい。立神沖合漁場が原則として立神村（全体）に属すべきものであり、少くとも同村が之が利用上に優先権をもつて居ることはいふまでもない。しかるに其の漁場がある便宜のため二十年間御木本と云ふ一個人の独占に属した、そして彼れは数千の村民の富の数倍にあたひするほどの富を積んだ。

母貝一貫目が五拾銭であつた二十年前の報償額を、その相場が十倍になつた現在及今後にそのまま据え置くことが條理にかなつて居るか何うか、当局がこの問題をいかに解決するかは注目にあたひする。

問題の核心を的確につかんでの報道である。この新聞報道と、前述の水産局長の解答、そして村民の自主的な法規の学習により自信を固めた立神村は、闘争の目標を確立することにした。

すなわち、二〇年前三重県が同一海面に競合する性格の区画・専用の二つの漁業権を、同時に御木本と立神に免許したことは違法であること、しかも慣行により認められた立神の専用権が優先すべきことは当然であるとの結論を確認した。そして、われわれはそのために、御木本の区画漁業権を立神の海から排除するのだとの自信と、闘争の目標を確立した。

法律的証拠を作るための実力行使

こうして闘争の目標が確立されると、つぎには実力行使にでることとなった。この実力行使は、単なる御木本へのいやがらせではない。尾崎にも教えられた「法理で攻める」ために必要があってとった行動である。それは、実力行使に入る直前、十一月二日に委員たちが水産局漁政課をたずねたとき、二〇年前の三重県の認可の違法性を衝くためには、まず御木本の区画漁業権と、立神の専用漁業権の行使のうえで紛争がおきたことの証拠が必要であると指示されたからである。

そこで、まず十一月四日に同盟会は、御木本が区画漁業権を持っている立神地先海面で、立神の天然真珠貝採捕のための専用漁業権を行使するということを、御木本に口頭

御木本の告訴は逆効果

で伝えておいて、実力行使の準備に入った。ところが、この情報が入ったためか、翌五日には県庁・郡役所の技師など数名が、調査のためと称して立神村に来た。そこで多数の村民は彼らを囲み、「県の意向を聞こう」と叫び、気勢をあげて、彼らを引き上げさせた。

ついで十一月十五日朝から、いよいよ実力行使に入り、「立神村真珠専用漁場」と書かれた標識杭十数本を、青年団員によって御木本の区画漁場内に打ち立て、村民三十数名が一〇艘の舟に分乗して真珠貝の採捕を行なった。この実力行使は、さらに人を増し十八日までつづけられたが、その間採捕した真珠貝は約二〇〇貫、金額にして八〇〇余円であったという。

これに対して御木本は早速、区画漁業権の侵害事件として告訴した。そのため鳥羽警察署からは係官が派遣されて、大西杜象組合長その他の取調べを行なったが、この行為が法律的に違反するとの結論はでなかった。

ところで警察の取調べがあったということは、逆に立神のために法律的に有利な証拠を残したことになり、御木本はまんまと立神の作戦にひっかかったのである。

事件がここまで発展すると、各新聞社もたびたび立神に記者を派遣していることが、故大西幸吉宅に残っている同盟会の『重要日誌』に見えているが、真珠王とよばれた御木本の弱点をついての闘争だけに、報道価値は十分であったのであろう。そしてこの新聞報道は、立神の立場を有利にした。これにより立神の闘争を理解し、支援する人も増え、同村出身の村外在住者からの寄付も、さかんに送られてくるようになった。

県議会と農林大臣などへの働きかけ

世論が高まってきたところで、この機会を利用して立神村では県庁や県議会、さらに農林省をはじめ政会・新聞社などへも積極的に働きかけることとした。十二月二日の県議会では、志摩郡選出の石原円吉議員が、知事に立神問題の質問で迫ったが、これを機会に全議員にも事件の真相を訴える必要を感じた。そこで『立神村漁業組合対御木本幸吉真珠介区劃漁業権問題の真相』『専用漁業権に依る真珠介漁業実施に就き意見書』と題する二種の小冊子を印刷し、全県会議員をはじめ各新聞社その他の関係者に送付した。

またこのころから、県庁所在地の津市内の橋亀旅館に事務所をおき、常に大西杜象組合長をはじめ二―三の委員が交替で泊りこみ、県庁への交渉をつづけた。

一方、大西幸吉ら二―三の委員は上京し、農林省小山政務次官・尾崎咢堂、さらに速

第二回村民
演説会

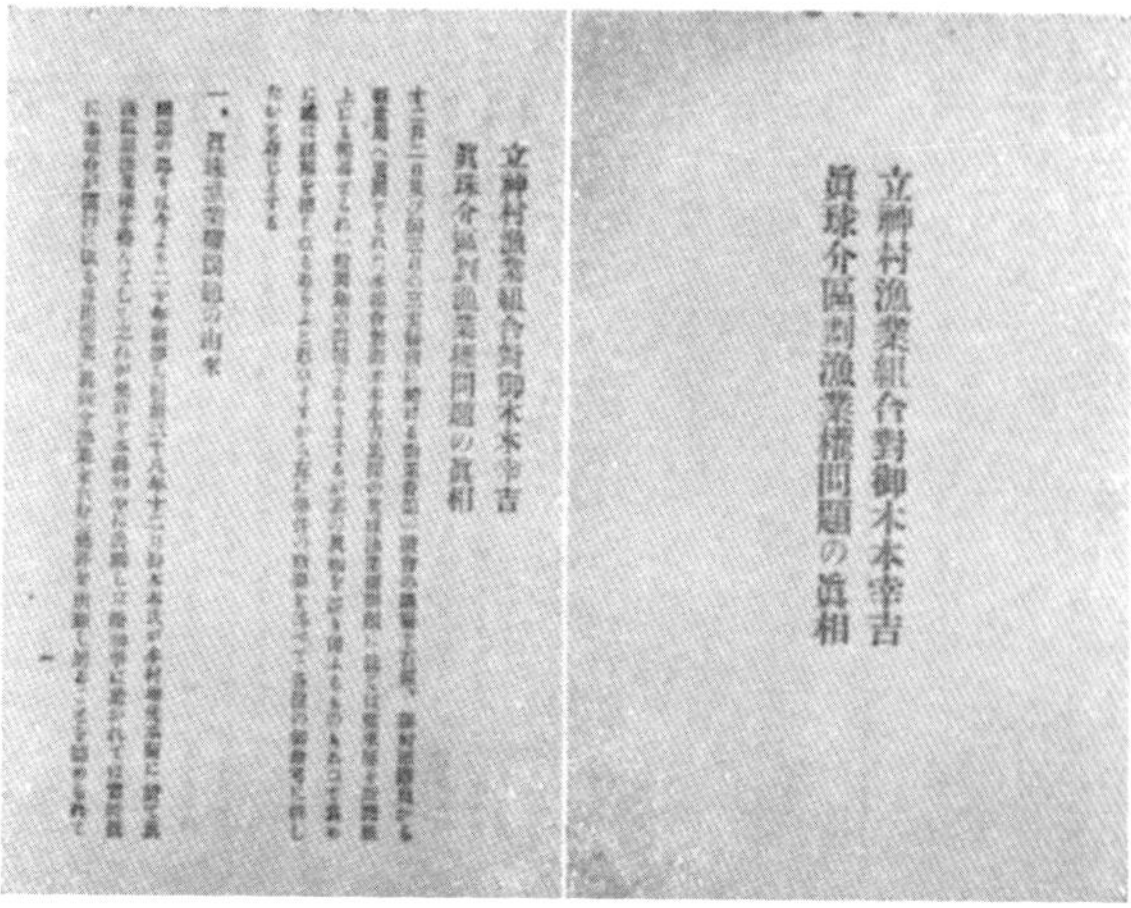

立神村漁業組合對御木本幸吉
眞珠介區劃漁業權問題の眞相

立神村漁業組合對御木本幸吉
眞珠介區劃漁業權問題の眞相

県会議員および各新聞社に配布されたパンフレット

水農林大臣・若槻内務大臣ならびに横山憲政会幹事長など、中央の政・官界人にも、直接面談して陳情をつづけた。

またこれと平行して村内でも、十二月九日に第二回演説会を開き、二四名の弁士により熱弁がふるわれ、村民のいっそうの結束を固めた。その演題から二―三をかかげると、「弱者常ニ弱者タラズ、真珠王ノ名御木本ノ専有ニアラズ」「英虞湾内町村ハ立神ヲ見殺シニスルカ」（この闘争はおどろくほど巧妙な作戦と、結束を持っているが、おしむらくは立神村単独の闘争であり――たとえばすぐ隣村の鵜方のごとく同じ条件と問題を持った村があったのに、これと手を結んで闘っていない――闘争が激しければ激しいだけ、他の沿岸町村から孤立していったようだ）「立神村村民ヲ悉ク罪人扱ヒセントスル御木本」「多徳ノ狸爺ノ渋面ヲムク」などとある。

いよいよ十二月に入ると闘争も最後の段階に入ることとなった。この月が漁業権更新の月になっていたからである。このため立神村民は、ほとんどその生業を休み闘争にうち込むこととなった。

十二月十七日、知事からの電話で村長と両大西などは県庁に出頭した。知事から、彼らは御木本の主張と、立神の具申書の内容のちがいについての質問をうけた。そこで日をあらためて、御木本幸吉と対決することとなったが、知事はこの問題について農林大臣と打ち合わせるため、その夜上京した。

**依然として御木本側に立つ知事**

翌十八日には、内務部長からの電話で出頭したが、部長は御木本が対決を拒否したことを告げ、同時に「契約の現存する以上、御木本に権利を更新せしむるは当然の義務ではないか。……海面は依然御木本に委せて置いて、村は年々相当な報償金を得て行くのが得策」（『獲得史』）と、ここまで来ても依然として御木本側に立った勧告である。もちろん、受諾できる条件ではない。彼らは「真面目に弁駁もせず……多くを語らず退出」（『獲得史』）

県庁への集団陳情を決定

一〇〇余名で県庁に座りこむ

した。ところが二十一日午後、再び県庁に出頭したところ、農林省から帰った知事からも部長同様の意見が示され、さらに二十三日になると知事の態度は半ば命令に変った。

これより前、立神の留守を守る同盟会では最後の段階には、多数村民による県庁への集団陳情を決議していた。ところが二十三日の知事の態度が硬化した段階で、津の大西杜象は「クウキワルイサイゴノカクゴセヨ」との電報を同盟に打った。

この電報が打たれた日の夕方、さきに牛場県会議員とともに上京し、農林省をはじめ尾崎咢堂その他関係方面に陳情をつづけ、帰途、津により県の意向をたしかめた大西幸吉は、立神村に帰った。

大西幸吉の報告と電報で意を決した村民は、いよいよ最後の手段に出ることを決めた。二十三日の夜から翌朝にかけて、村を出た者は一〇〇余名という。ところで彼らは、集団で村を出ることは、警察を刺激し途中で喰い止められる恐れがあると、数名ずつ自転車または徒歩で、しかもそれぞれ路を変えて出発した。このような方法をわざわざとったのは、闘争がはじまった当初、その成功を祈願するため、船を雇って伊勢神宮に集団で参拝しようとしたことがあったが、その直前に警察から定員外乗船を理由に干渉されて、実行できなかった経験から考えられた戦術である。

こうして津市に集結した村民一〇〇余名は、二十四・二十五・二十六日と県庁におしかけて、いわゆる座り込み戦術に出た。この間、尾崎咢堂の中村代理人、牛場・石原・藤村の三県会議員および委員による知事交渉がつづけられた。しかし、二十六日までは知事は「権利は御木本に、立神には報償金の増額（年額三〇〇〇円）を」の勧告をくりかえし、また村民多数の座り込み陳情が各新聞に報道されると、警察部長を通じて「命令を発して検束する」と解散を命じ高圧的態度に出た。

知事と最後の交渉

ところが、二十六日の夕方から急に知事の態度がやわらぎ、二十七日の交渉では「漁場総面積五十五万四千坪のうち、四十二万七千余坪を立神に、残りを御木本にそれぞれ区劃漁業権を認めやう」との案が出た。これまでの知事の態度に比べれば思い切った譲歩である。

ただし、これにはつぎのような条件がつけられていた。それは、これまで全漁場にもっていた立神の専用漁業権を、新しく御木本に認める区画漁場の区域だけ永久に放棄して、御木本に与えよというのである。しかしこれに対しては立神は徹底した拒否にでた。

もともと、全漁場に区画・専用の両漁業権を立神に認めよ、というのが彼らの闘争の目標であったのである。しかし、当時の御木本の社会的地位や実力、また鵜方村の情勢から見て、この目標を一〇〇パーセント貫徹することは困難と考えられた。したがって戦術のうえからも、漁場の八〇パーセントに区画漁業権が認められたこの段階では、一歩後退して妥協するのが得策であったかも知れない。

それにもかかわらず、彼らが専用権の一部放棄を徹底的に拒否したのには、つぎのような理由があったのである。漁場のほとんどを立神に返還し権利を認めるとはいえ、実は御木本に認める漁場は、面積から見ればわずかなものであるが、その利用価値は質的に立神の漁場におとらないのである。当時はすでに、養殖法が良質の漁場を集約的に使用する「中層垂下式」に変っていて、広い漁場を必要としなくなったからである。御木本は利用価値のすくない広い漁場よりも、質的に価値の高い狭い漁場があればよいということである。

知事は立神の要求九〇パーセントを入れる

これを見ぬいた立神は、この点で一歩譲歩したうえで、さらに専用権の一部放棄という後退をする必要はないと、徹底した拒否に出たのである。この立神の強硬な態度に知事も結局、立神の要求を入れざるを得なくなり、いままで通り全漁場に立神の専用漁業権を認めた。しかし立神も、知事の意中を察して御木本に認めた区画漁場内の専用漁業権を、年額五〇円で御木本に貸しつけることで妥協した。

この日の夜、立神村ではこの案を組合総会にかけたが、全漁場全漁業権の奪回が目標であっただけに議論はわいた。この模様を『同盟会日誌』(故大西幸吉家所蔵)十二月二十七日の項に見ると、

知事断案発表アリ、コトココニ至ツテ何ノ尽ススベモナク泪(なみだ)ヲ飲ンデ断案ニ対シ承諾ヤムナキニ至ツテ、七時間ノ慎重考慮ノ上満場一致ヲ以テ可決。……今日今夜限リニ赤ノ他人ノ忘想狂ノ御木本ニ祖先伝来ノ宝庫、将来永遠ニ取ラルルノヤムナキニ至ツタ。……然シナガラ実質ニ於テハ兎角トシテ、面積ニ於テ五十五万坪ノ内四十万坪ノ我村ノ手ニ帰シタルハ、此レ一重ニ最高幹部ノ努力ニ依ルコトハ申スニ及バズ、一般村民ノ結束ニテ得タルモノ……

とあり、更新の日もせまり一応、広さからいえば御木本の数倍の漁場を獲得できるのであるからと、受諾することを議決した。

年の瀬もせまった十二月二十八日、村長・組合長などは、再び県庁に出頭、知事に組合総会の決議を報告し、ここにいよいよ最終決定がなされることとなった。ところが、この間、御木本幸吉は一度も県に出頭せず、この日の最終決定にも池田嘉吉代理人を出席させた。しかも最終決定の席上、池田代理人が立神には事前に知事の意向を示しながら、当方には内示がないのは不公平であると、知事をなじった。

御木本の態度に怒る知事

この池田の発言に知事は憤然として、漁業法規をつきつけ、契約書その他の書類には組合総会の決議が必要であるため、立神に内示したのにすぎない。それを不公平とは法規を知らぬもはなはだしいと怒り、さらに「御木本はまるで大臣か貴族のやうな態度に出て居るが、主人が主人だから君達までさういふ態度に出るのだ。自分はかりそめにも一県の知事である、礼を失した言は謹まれ度い」(『獲得史』)と強い言葉で池田を叱った。

鵜方村の問題でも、御木本は県の妥協案をけって引きのばし策をとり、そのため面目をなくした知事である。そのうえ、この決定は法理的に筋を通した立神の全面要求を、一部ゆずらせて、知事としては御木本の立場も考えてたてた案である。しかも連日、この問題では集団陳情、さらに新聞・県議会での攻撃に一人で矢面に立たされた知事である。当事者である御木本幸吉の思いあがった態度に、感情を害したのは当然であろう。

立神に区画・専用両漁業権が認められる

こうして十二月二十八日、六ヵ月にわたる苦しい闘争は終った。この日の夜、知事から立神村の代表者に区画・専用両漁業権の免許状が手渡された。思えば激しく苦しい闘争の連続であった。一部の譲歩はあったにせよ、当時すでに国内外に真珠王とよばれ、ある意味では巨人に等しい御木本幸吉を相手どって、一応当初の要求の大半を勝ち取ったのである。前日までの激しい闘争に、当日体をこわし津の旅館で病床にあった大西杜象組合長は『獲得史』の中で、この時の感激をつぎのようにのべている。

臥床の上に起き直って……余は、村長から渡された免許状を手に嬉しさのあまり思はず涙と共に押し戴いた。あはれこの一片の指令を得んがために、半歳に亘る長期間の悪戦苦闘を続けて来つたことが、幸に水の泡とならず、不充分ながら茲に目出度くこの結果を見るに至つたことを思へば、責を負ふ身には人一倍嬉しさがこみ上げて来て、感激の涙禁じ得ないものがあつた。

立神村漁業権獲得祝賀会

翌十二月二十九日、村長・両大西などの委員は、免許状を持って帰村したが、全村民は途中まで彼らを出迎え、全員そろって村社に参拝、万歳を三唱したと『同盟会日誌』

に記されているが、村民の感激と代表委員らに対する感謝の気持がうかがえる。

三十日には小学校で報告会と村社における礼祭を行ない、越えて大正十五年（一九二六）一月一日には約一〇〇〇名の村民の参加によって、盛大な祝賀会が開かれた。祝賀会では同盟会・軍人会・青年団およびそれぞれの役員に感謝状の贈呈、つづいて感想演説が行なわれ、夜には村民一同の祝宴と余興で、闘争の成功を祝った。そして、そののち三大西（幸吉・杜象・巳之助）をはじめ功労者の自宅および村内を約一時間の提灯行列、最後に村社参拝、万歳を三唱して解散した。

この半年にわたる闘争で、委員などが県内外に出張した延べ日数は三五〇日、総経費が五八〇〇余円、農林省への陳情五回、知事への陳情一八回という。しかも、この間多徳島へのデモで警察犯処罰令による三名の犠牲者も出している。

御木本との半年にわたる長い闘争は終った。晴れやかな気持で祝賀会もすませた。しかし問題は完全にすんだのではない。『同盟会日誌』の大正十五年一月三日の項によると、その日は朝から曇りでやがて雪になったとある。どんよりした、しかも寒さのきびしい日である。午後から同盟会の評議員会が開かれ、漁業権獲得後のとるべき方策について協議が行なわれたが、同時に闘争中の脱落者、裏切り行為をとった者に対する調査も行なわれた。

それは、闘争中全村民から取った誓約書にもとづき、自警団・高等自警団員の報告書によったものである。この日のうちに三名の者が呼び出され質問がはじまった。このことを『同盟会日誌』『重要日誌』ともに「民衆裁判」の「予審」という文字で記している。翌日、予審をうけた者は一〇名であり、中には御木本から切りくずしのために、金を受け取った疑いのあるものもあった。

団結と意思統一を強く求め、委員たちは決死の覚悟でことに当たった闘争であった。事実、彼らは闘争に失敗したときは、死ぬことを覚悟していたようである。昭和十年(一九三五)に、この漁業権獲得の一〇周年を記念する会がもたれた時、大西幸吉が行なった記念講演「不惜(ふじやく)身命」の原稿を見ると、「今ダカラ申シ上ゲテモ罪ニハナラヌカラ申シ上ゲマスガ、若シ村ノ目的ノ達セヌ場合彼レ御木本ヲ一刀ノ下ニ刺シ殺シ、御木本ノ工場ヲ丸焼キニシ、而シテ海中ニ飛込ミ最後ヲ遂ゲヨウトノ覚悟ヲキメテ居ツタ。……決シテ妄想誇大デハナイ。直後ニ於ケル獲得祝賀会ノ時〃寺デ供養ノアルベキ今日ヲ学校デ祝賀ノ笑ヒ顔〃ト云フ歌ノアツタ……」とあることからも覚悟のほどがうかがえる。しかもすでに警察犯処罰令による犠牲者まで出しているのである。

殴打事件

予審のすすむうち、激した役員および自警団員は、取調中の一人を鉄の火箸で殴打した。『重要日誌』はこれを「自警団員ノ調書ニ依ツテ取調ノ上、最後ニ鉄槌(てっつい)制裁ヲ加エテ八時半退所セシメタ。」と記している。長い闘争と勝利の興奮の覚めやらぬうちに行なわれた不幸な出来事であった。関係者はこのことが、のちに刑事事件になるとは考えなかったようである。

立神村更新同志会は結成されたが

予審が終ると、さらに一月五・六日にわたって「民衆裁判」が開かれた。被告的立場にたたされたのは四名である。いずれも一応は漁業組合員除名、漁業権の剝奪を申し渡されたが、改心を誓ったことを理由に罰金的性質の強制寄付の処分ですんでいる。

闘争、さらに民衆裁判も終って、同盟会はその使命を完了したので、一月八日に万歳三唱のうちに解散した。ところが、同盟会の村民一致団結の精神を、将来の村作りのうえに生かそうと、同会の組織を利用して「更新同志会」が、三月一日を期して結成された。発案者は大西幸吉であり、闘争指導の経験からも彼が会長に推薦された。

同会の綱領を見ると、「㈠村治ノ革新ヲ計リ円満ヲ期スルコト、㈡村是(そんぜ)ヲ確立セシムルコト、㈢産業ノ発達ヲ促進スルコト、㈣村民ノ修養ヲ向上セシムルコト」(『更新同志会議事録』)とある。こうして「更新同志会」は発足することとなったが、毎月一回開催されるはずの役員会も、翌月は開かれず、五月の出席者はわずか三分の一にすぎず、しかも意見を発表する者は四名であり、「外ハ誰モ口ヲ開カズ」(『議事録』)という低調さである。

この発会直後からの低調さは、さらに翌昭和二年(一九二七)になると、会長大西幸吉をして、「選挙(村会議員)ニ於テ理想的ニ行ハレズ、会員ニシテ会員ヲ売ルガ如キ言動ニ出テ、村ノ為メ本会ノ存在ヲ不安定トスルガ如キ非会員的ノ輩アリテ、……役員任期満了ト同時ニ同志会ヲ解散」しようと歎かせるまでになった。

### 殴打事件の影響

大西幸吉の献身的な闘争指導に対し、万歳を三唱し、提灯行列で感謝した村民の純粋な当時の感情は何処へ消えたのであろうか。その原因は何にあるのであろうか。

そのひとつは「民衆裁判の予審」での殴打事件が、その直後に恐喝・傷害の刑事事件となり、大西幸吉その他六名が被疑者として、またその他の関係者が参考人として、たびたび警察の取調べをうけ、さらに裁判の結果(大正十五年五月)大西幸吉は懲役六ヵ月、執行猶予三年、大西巳之助が懲役九ヵ月、執行猶予三年、その他の四名はそれぞれ罰金六〇円となっていたことである(のちに幸吉と巳之助は減刑されている)。ちなみにこの事件で鳥羽警察署波切分署が作製した『恐喝及傷害被告事件記録』によると、傷害は鉄製火箸での殴打による頭部の裂傷と腕・腰などの打撲傷である。また恐喝とされたのは、大西巳之助同盟会長・大西幸吉副会長その他自警団員が、取調べを行なった際、日本刀をうしろの壁にたてかけて威嚇的訊問を行なったという点にある。

立神の闘争の性格

長い苦しい闘争からの解放感と、勝利の興奮からさめて村民が一種の虚脱状態にあったとき、警察の取調べさらに裁判という、暗く重苦しい空気が村をつつんだのである。しかも、すでに村民共通の敵という闘う目標を失っている。狭い、しかももともと封鎖的な農村で、事件の中心人物である大西幸吉を会長とし、関係者が幹部を占める同志会が、闘う目標を失い一種の虚脱の状態にある村民から、浮き上がってしまったのも、ある意味では当然であったといえよう。

なお、さらに重要なことは、この闘争の持った本質的な性格であろう。立神の闘争は鵜方のそれとちがい、徹底して組織的であり、その方針および方法においては、たしかに近代的な性格も持っていた。この点での大西幸吉の功績は大きい。

しかし大西は、彼の経験したアメリカという近代社会での民衆の意識と、後進地域である志摩の封鎖的な一農村のそれとを混同したのではないだろうか。彼の指導と戦術を全面的に受け入れたのは、立神村民の近代的な権利意識ではなく、むしろ前近代的な共同体意識ではなかったか。

それゆえ、彼が闘争のはじめに「祖先伝来ノ海ハ立神村民ノモノ」として、御木本排除を叫んだのは正しい。だからこそ、村民は結束をたもち、留守を守る老人も村社に「宮ゴモリ」までして成功を祈ったのだ。

このことは、彼をはじめ指導者たちが対外的には県議会・政界・新聞社にまで支援を求めておきながら、同じ時、同じ目的で、同じく御木本を相手に闘っている隣村の鵜方村と、共同闘争を組もうとしなかったことにも、表われている。

この本質的な性格を的確に把握せず、更新同志会を組織して「村治革新ヲ計」ろうとしたところに、アメリカから帰ったばかりの大西幸吉の、見通しの甘さがあったのであろう。結集した力で、村民共通の経済的要求である漁業権を獲得したからといって、それがそのまま近代的な権利意識に結びつくものでない志摩の後進性を見逃したのであろう。それゆえ、同志会の組織と運営が行き詰ったところ「旧盆所感」と題する文章の中で、彼は「立神村人ニハ対外的ニアラザレバ実際ノ団結愛村心ナキヲ認ム」と歎かざるを得なかったのである。

立神村漁業権獲得一〇周年記念

立神村真珠漁業権獲得記念碑
（記念碑建設祝賀会当日）

しかし、この区画専用漁業権獲得により立神地先海面も、昭和元年（一九二六）から順次、八区画にわけて、各真珠業者に、それぞれ三五〇〇円・二〇〇〇円・八〇〇円・七〇〇円・四三〇〇円・四〇〇〇円・一二〇〇円の年額料金で貸付けられ（昭和十年現在）、また真珠貝漁獲高も昭和四年（一九二九）には一一八〇貫、九二九円強であったが、年々増加して昭和十年（一九三五）には一万九六七六貫、三万三〇〇円弱となった。

こうして、立神漁場における真珠養殖業の利益が目に見えてくると、昭和十年十二月には漁業権獲得一〇周年を記念して、尾崎咢堂の揮毫による「真珠漁業権獲得記念牌」が建立され、祝賀会も開かれた。

またこの一〇周年記念祝賀会を機会に、立神漁業組合は『立神漁業組合真珠介区劃漁業権獲得史』（大西杜象編著）を発刊し、一〇年前の闘争の経過を詳しく記し、その中で大西幸吉の功績を大きく評価している。

## 五　冷害による御木本の独占と反対派の抵抗

冷害を機会に再び独占をはかる御木本

立神との闘争の結果では、実質的には大した損害を受けなかった御木本も、立神への譲歩はやはり、事業の独占のうえでは大きなマイナスとなった。世界のパール王御木本も、権利を求める民衆の結束した力の前には、一歩も二歩も後退せねばならないことを天下に示したのである。しかも皮肉なことに、そのことを彼がつねに意識し利用した「活字と輪転機」によって、広く詳しく報道されたのである。

いままでのように恩恵の押売りや、単なる演技だけでは民衆の力を押えることはできなくなった。ちょうど立神の闘争が終った翌十五年（一九二六）の初春である。前年の暮から英虞湾に冷潮が襲い、多数の真珠貝が死ぬという事態がおこった（普通、真珠貝は八度C以下になると著しく衰弱し、ときには死ぬことがある）。このことは湾内の真珠業者にとって死活の問題である。そこで、この危期をのりこえるには、冷潮のつづく間、生き残った真珠貝を暖い紀州か度会郡の海に移動させるしかない。

ところがこの時、御木本幸吉は三重県知事を動かして、英虞湾内の真珠貝の移動と、湾内での真珠貝採捕を禁止する県令を発布させようとした。冷害ですくなくなった真珠貝を湾外に移動したり、採捕したのでは、将来英虞湾内の真珠貝が絶滅するというのが表面上の理由であった。

しかしこの県令が施行されたとしたら、湾内の真珠母貝業者は営業がなりたたない。また養殖業者は養殖中の施術貝を、暖海へ避難させることができない。それこそ業者にとって死活の重大問題である。

ところで御木本は当時、すでに養殖場の本拠を英虞湾から、暖い度会郡五ヶ所湾に移

業者の抵抗にあい御木本の意図はつぶれる

しつつあった。英虞湾の冷害によって、湾内の中小業者が倒産すれば、それだけ御木本の事業独占には好都合である。

ところが、県令公布の直前、このことが『伊勢新聞』紙上に大きく報道された。そこでかねてから反御木本派により結成されていた「日本真珠養殖組合」では、志摩郡神明村の小林万作を中心に、全組合員および英虞湾沿岸の漁業組合に、その真相を訴えてこれに抵抗することとなった。四月、同組合名儀で三重県知事と農林省水産局長に、請願書を提出するとともに積極的な運動をはじめた。

まず三重県への請願書を見ると、県令の内容が消極策であることを批判し、積極的対策として、㈠冷害を根本的に防ぐために、湾内へ太平洋側（熊野灘）の暖潮を導き入れるために先志摩半島（英虞湾をつつむように外海からさえぎっている半島）の一部に水道を開削すること、㈡「垂下式養殖法」を普及し、冬期の避寒をしやすくすること、㈢天然の稚貝（種貝）に頼らず、稚貝の人工養殖をはかることなどをあげているが、県令の内容より理にかなった方策である。

また水産局へは、陳情を一任された小林万作が出頭して、杉浦保吉技師（のち東京水産講習所長―現東京水産大学）などに、事の真相を訴えた。当時、県令の公布には上級官庁の認可が必要であったからである。

このの ち御木本と連れだった知事が、県令公布の認可を求めに水産局を訪ねたが、小林の陳情により、つぎのごとき但書を付けることを条件に認可したため、県令の内容は有名無実のものになった。「第一条……英虞湾内ニ於ケル真珠介ノ採捕ハ同湾内ニ於ケル養殖ノ為メニスル場合ヲ除ク外之ヲ禁ズ、同湾ニ於ケル湾外移出ニ付亦同ジ」（三重県令第五八号）。

これにより冷害を機会として、御木本が英虞湾内の中小業者を排除して、事業の独占をはかった企ては失敗したわけである。しかし、真珠業界全般から見ると、この運動の中から垂下式養殖法・人工稚貝養殖・冬期暖海への避寒方法などが一般化されたのであるから、御木本の独占への意図が、業界に思わぬ貢献をしたことになるのは興味深い。このほか、このころ御木本は度会郡阿曽浦・贄浦などでも、母貝の独占をはかって、日本真珠養殖組合を中心とする業界の抵抗にあっている。

# 第十　真珠王の地位を確立

## 一　発明家を名乗る幸吉の演出

真珠王の名はゆるがず

前述のごとく、御木本幸吉は特許の面で技術の独占に敗れ、また漁場や母貝の独占でも立神村などの抵抗にあい、敗れた。そのうえ反御木本派の業者は、日本真珠養殖組合に結集して彼と対抗した。その意味では確かに当時は、幸吉にとって一種の試練期であった。

しかし幸吉の業界での地位は、決してゆらいでいない。むしろ、この間に真珠王としての地位は確立されて行くのである。

たとえば、彼の半円真珠養殖法に対する特許局・裁判所の結論がどうであろうと、すでに明治三十九年（一九〇六）には、御木本幸吉は発明家として緑綬褒章が下賜されており、また大正十三年（一九二四）には、多額納税貴族院議員に勅選され、さらに同十五年（一九二六）には「真珠素質被着法」「真珠貝仔虫附着法」の特許に対して、帝国発明協会より恩賜記念賞および名誉大賞牌が授与されている。ちなみに幸吉が、いつごろから一般に真珠王と呼ばれるようになったのか、はっきりした資料は見当たらないが、各種の新聞その他から見ると大体、明治末期ではないかと推定される。

また昭和に入ると、昭和二年（一九二七）には、発明界に貢献したとして勲四等瑞宝章が、翌三年には帝国発明協会長から頌功辞が贈られ、さらに同五年（一九三〇）には天皇陛下から、鈴木梅太郎・本多光太郎・丹波保次郎ら一流の学者・発明家一〇名とともに、発明家優遇のための賜餐をうけ、同十六年（一九四一）には皇太后陛下（貞明皇后）から杖を賜わっている。いずれも養殖真珠発明家としての幸吉を、公けに認めた上での授与である。

それにつれて彼の業界における力も、反御木本派の結束した抵抗に会いながらも、ますます大きくなり、たとえば反御木本派の日本真珠養殖組合はやがて御木本と手を結ぶために解散し、昭和三年九月には彼を組合員にむかえて新しい大日本真珠組合に吸収された。しかもその組長は、幸吉の実弟斎藤信吉である。さらに同九年（一九三四）には幸吉自身を日本養殖真珠水産組合組長に、また十三年には真珠母貝組合長にもむかえている。

もちろん、これに比例して彼の事業も、養殖・販売・加工ともに飛躍して行き、世界にパール＝キング＝ミキモトの名をひびき渡らせて行った。

エジソンの前でも御木本式演出

しかし彼の真珠王としての地位は、ただ単なる商法で築かれたものではない。常に自らチャンスを作り可能な限りの手を打って、いわゆる御木本式演出を駆使しての結果である。ここに彼自身が語った、これらに関する演出のひとつを、前掲の「問答有用」の徳川夢声との対談から紹介しよう。

昭和二年（一九二七）二月に幸吉が、エジソン翁に会ったときのことである。「二週間ばかり前に、真珠を発明した順序を書いたものと、養殖真珠に使う品物とをそっくり送っておき……エジソンのところへいったんです。エジソンは〝おれのところでいろいろやったけれども、ダイヤモンドと真珠だけは化学的にはできなかった。きさまは、真珠を動物学でつくって、西洋にさきがけたんだから偉い〟いうてほめてくれた。〝真珠をあなたひとりにお目にかけたが、ほめられれば満足です〟というたら、〝それはうれしい。これはおれだけに見せたのか〟というて、椅子を立って泣きました。わたしや、真珠つくりの種あかしを説明して、〝こんなことまで全部種あかししたのは、あんたひとりだ〟

というたら、エジソンよろこんだな。そういううまいところがあるね、わしゃ」

世界の大発明家エジソンの前で、堂々と打った幸吉の演技である。真珠養殖の種あかしはエジソンだけに、こっそり見せるほどのものではない。『特許公報』の明細書で公けにされているもので、エジソンが動物学の研究家であれば打てなかったであろう演技である。彼はきっと、そのことを計算したうえで、持ちまえの「図太さ」を発揮したのだ。

ところで、このエジソンを感激させた演技の背後には、もうひとつのちゃんとした計算があったのである。いうまでもなく新聞記事になること、すなわち「活字と輪転機の力」の利用である。そのため彼は、アメリカに上陸すると、サンフランシスコの名物である金門橋も見物せず、カリフォルニア大学のジョルダン博士を訪ねている。

「ジョルダンが、日本の真珠の発明家がきたということを、アメリカの新聞に書いてくれましてね。それで、わたしがアメリカに入ったことが全米に知れわたった。……新聞に書いてもらいたい一心で、ジョルダンだけを目ざして、宿の自動車で飛んでいったからね」(「問答有用」)。エジソンに会うまでに、まず新聞社の雰囲気をかきたてているのである。計算された完全に近い演出である。

### ぞんざいな言葉も演技のうち

御木本幸吉の野人振りは、その大言壮語とともに有名である。ところが彼には、つねづね言葉使いによる効果を考えておいてから、ものをいったと思われる節(ふし)がある。相手が学者である場合には、相当慎重な言葉を使ったが、ジャーナリストなどに対しては、わざわざぞんざいな言葉を使って、度胆をぬいたようだ。人をおそれぬ野人振りを、活字にさせようというのであろう。彼を高浜虚子が訪ねたときのことである。「きさまは自動車か電車かというたら、電車できたというからね。そうか、芭蕉はテクテク歩いて、全国到るところに石の棒ぐい(句碑)が立っとる。きさまは電車でくるんなら、芭蕉の三十人前はやらないかんぞ、というた」(「問答有用」)といった調子である。

「問答有用」の中で、徳川夢声も対談したときの模様を、「あなたになったり、きみになったり、いろいろ変って呼ばれたが、きさまは少しおどろいた」と。さらに「天皇陛下に向っても、翁はあなたを連発し、録音中の放送員たちを面喰わしたのである」とも記している。天皇陛下や有名人を取りまいている、放送員やジャーナリストたちを面喰わすことが、彼の演出のひとつであったのであろう。

これとよく似た話が、吉川英治の「新平家今昔紀行」（『週刊朝日』昭和二十六年二月十一日号）にもある。

一同は、庭先に竝べられた補助椅子に、一段低く腰かける装置となつてゐて、主客あべこべだから、この御木本島では、おぢいさんはたしかに国王様である。〃ようこそ来たナ〃といつた調子。鬼面人を脅す悪戯（いたずら）っぽい趣味がおありらしい。〃お通さんを書いたやうな男は、どんなかと思つたら、案外、まづい男だな〃……お孫嬢から『御木本幸吉伝』二・三冊を取つて、腰なる矢立を抜き、それにサインした。そして〃君に、やる。そつちの画描（えかき）（杉本健吉画伯のこと――筆者）にも一冊。新聞屋にはやらん〃とのたまふ。言行おほむねかくの如しである。

ところが、さすがは人生のどん底から、筆一本で偉業をなしとげた吉川英治である。この御木本幸吉の演技を、ずばり見ぬいている。

翁の事業的功績は大きいが、翁の人生は翁自身の語るものを、すべて素直に伺っても、まこと他愛がないものだ。真珠はあんなに産みもし磨かせもしているのに、翁自身の人間は、いまだに帆立貝のままである。この親帆立貝は、割らない方がいいやうに思はれた。教養的な真珠層は巻いて居さうもない（「新平家今昔紀行」）。

もっとも「教養的な真珠層は巻いて居さうもない、親帆立貝」幸吉だからこそ、強引な商法で真珠王の地位を確立したのかも知れない。

## 二　真珠養殖業の乱立と粗悪真珠の問題と取りくむ

真珠の粗悪化を防ぐため努力した御木本

昭和六―七年（一九三一―三二）ごろから真珠業界には、ひとつの危期がおとずれた。昭和初年からの一般的な不況の中で、沿岸各農漁村では、収入の低下を真珠養殖でおぎなおうとする傾向がおこった。真珠養殖は一応、養殖技術と漁場があれば、比較的小資本でも経営できるものである。しかもすでに西川式・見瀬式両特許の分権使用も行なわれており、いわゆる家内工業的経営による零細業者が増加してきた。

ところで、このような目的で零細業者が増えてくると、養殖期間の短い薄巻きの粗悪真珠が、市場に出廻ることとなった。そのため海外市場でも批難がおこり、日本の養殖真珠はオモチャ同様、雑貨品店で扱う商品だと、きめつける声も出てきた。

日本養殖真珠組合長となる

このことは御木本をはじめ、古くからの大手業者にとって大きなマイナスである。そこでそれまでは任意組合であった大日本真珠組合は昭和七年（一九三二）に解散を決議し、漁業法および水産組合規則にもとづく法人組合として、日本養殖真珠水産組合が、同年九月八日に御木本幸吉を組合長として設立された。この組合は、これまでの放任主義を廃止し、法律にもとづき、業者の強制加入と西川式特許実施の許可および生産・検査の強制によって、業界を統制しようとするものである。具体的には生産調節、検査ならびに処分、販売の取締と拡張、宣伝などを組合の業務としているが、とくに検査の結果、不合格の廃棄品と指定された真珠は焼却するときめられている。

## 真珠の火葬

昭和八年（一九三三）七月十一日の『大阪毎日新聞』に「真珠の火葬」と題する記事がある。「……焼きもやいたり三十六貫……この価が何んと四万八千円（この年の米価、石当たり二一円強――筆者）……焼いた本人は真珠王で有名な御木本老人」。これはその前日に幸吉が、神戸商業会議所の前に焼窯（やきがま）をすえて、不合格真珠をスコップで投げこみ、焼き捨てたときの光景である。検査の結果、廃棄品ときめられた真珠を、とくに外国人の多い神戸で、わざわざ大々的に焼いて見せたのである。日本の養殖真珠の国際的信用をよびもどすために「活字と輪転機」の力を意識して行なったのである。もちろん、それは御木本自身の宣伝にもつながるのだ。

「当の真珠王は山高帽に紋服姿で、自分の子供を見殺しにするような情愛を顔に漂わせながら、おそらく世界一の風景ですよ。が、どうも最近悪い真珠を輸出する者が出て、本当のいい真珠がサッパリ声価を上げず、やむを得ず、外国人も見ている前で、こうやって焼くのです」と、この記事はつづいている（毎日新聞記事抜粋は乙竹岩造著『伝記』による）。

この「真珠の火葬」事件は、国内外ともに大きな反響をよんだようで、幸吉の死後も話題として残され、昭和三十二年（一九五七）五月の『朝日新聞』の「天声人語」にも記せられている。「……御木本翁はかって外人を招待してその目の前で真珠をストーブにくべたことがある。石炭箱にザクザク入れた大量の真珠をスコップですくって、燃えさかる火中に投げこんだので、外人たちはビックリした。そこで翁はいった。出来の悪い真珠はこうしてみんな惜しげもなく焼き捨ててしまう。選り抜きの良い物だけを売るのです。粗悪品は決して輸出しません。芝居げたっぷりの演出だが、この話は面白い話題として、それからそれへと海外に語り伝えられ、日本の養殖真珠の声価と信用を高めた。」

このことから見ても、幸吉の意図したように「活字と輪転機」は、この真珠の火葬に早速とびつき、大々的に報道したと推測される。

無統制生産をなげき組合長を辞任

この真珠の火葬で意図した幸吉の良質真珠への意欲は強く、御木本の生産するものは検査の必要がなかったほどであったという。しかし業者の中には、生産制限も守らず、また検査を受けないものもあり、粗悪真珠の輸出は依然としてつづけられた。

このため組合設立の翌八年六月には、ロンドン在任の松山商務官より、「……検査証無キ劣等品モ現ハルノミナラズ、為替低落ノ悪因モ手伝ヒ、従来ノ標準相場トハ……安キ値段ニテ売買セラルル……本邦当局並ニ当業団体ニ於テ此際本件ニ慎重ナル考慮ヲ加ヘ……対策ヲ講ズルコト必要」との来電があった。またさらに十月にはパリ養殖真珠水産組合の代表であったコテーも来朝して、業界代表に忠告を与えた。

このため、御木本幸吉組合長は「近時組合員ノ増加ニ伴ヒ無統制ノ生産ヲ敢テ為ス……生産過剰ニ陥リ……業界ノ前途洵ニ憂慮ニ堪ヘザルモノ有之」と注意書を発したが、その傾向は一向に改められず、ついに業を煮やした幸吉は、この年（昭和八）の末に組合長を辞任した（小関信章「戦前における真珠団体の変遷」――『水産時報』特集号真珠による）。

無統制生産の原因

ところで、これらの組合員の粗製乱造・無統制の原因はどこにあったのであろうか。そのひとつは、はじめ組合員に限り西川式特許の実施を許す、としていたが、農林省から「昭和八年度以降の特許権実施は権利者と組合員（業者個人──筆者）の契約に改め、組合は単に斡旋をなすものとす」との改定の指示があり、実質的に特許権実施の許可を拠りどころとしていた組合による統制ができなくなったことである。また組合の規約に、組合員が統制違反をした場合は、単に「……五円以上五百円以下の過怠金を課し、違約物品はこれを没収……没収すること能はざるときはその価格を追徴」とあるだけで、組合除名という処分規定がなかったことにもよった。

西川式特許実施団

そこで特許権実施許可による業界統制のためには、昭和九年（一九三四）別に「西川式特許実施団」を結成して、粗製乱造の防止を図った。しかし、それでも新規業者の乱立と生産増加を防ぐことはできなかった、また生産真珠の検査制も振わず、ついに同十年（一九三五）にはこの制度も中止するにいたった。

# 第十一　戦時下の苦難期を乗りきる

## 一　太平洋戦争と真珠養殖

昭和十年代以降は、戦争への危期とともにいよいよ真珠業界も、苦難の道をたどることとなった。前述のごとく組合による統制も空しく、しかも昭和十一年（一九三六）には西川式特許の期間も満了したため、新規中小業者の乱立と粗悪真珠の市場への流出もはげしく、その価格はますます下落した。たとえば同十一年の真珠価格は、従来の三分の一に暴落した。

御木本五ヶ所養殖場閉鎖と新多徳移転

このような情勢に、御木本でも翌十二年には、明治四十二年（一九〇九）以来、真円真珠養殖の本拠としてさかえて来た、度会郡五ヶ所湾の養殖場を閉鎖せざるをえなくなり、それまで多徳島管下の漁場として使用してきた志摩郡浜島町大字迫子（さこ）大崎に、その本拠を移した（これが現在も御木本養殖場の本拠であり、新多徳養殖場と称して、幸吉は昭和十九年より戦中・戦後をここに住み、さらにここで死んだ)。

### 戦争への道と真珠業界

ところが真珠業界が、無統制に近い混乱をつづけているうちに、戦争という黒い影も近づいて来ていた。わが国は、昭和十二年(一九三七)に、それまでもつづいた中国との紛争が決定的となり、日中戦争に突入することとなった。一方ヨーロッパでは一九三八年(昭和十三)に、ドイツのオーストリア合併にはじまり、翌年にはドイツ・イタリアのスロヴァキア・アルバニア侵略、そしてついにドイツのポーランド進駐によって第二次欧州大戦が勃発した。そして、この年アメリカは日米通商条約の廃棄を通告してきた。

### 真珠養殖業許可規則

国内では戦時体制を組むためのひとつとして、昭和十五年(一九四〇)には一般に「七・七禁令」とよばれた「奢侈品等製造販売制限規則」が公布された。そして同じ年、真珠業界にも「真珠養殖業許可規則」が公布され、法規による養殖業の生産統制がはじまった。しかし、この規則は装飾品・奢侈品である真珠の生産を戦時体制に即応させるためのものというよりは、当初の目的は乱立による業界の混乱を防ぐためのものであった。それゆえこの規則は、他の統制令(たとえば企業整備令)のように、政府の力で上から押しつけたものではなく、真珠業界からの陳情によって制定された、自主的なものであった。

日本真珠販売統制株式会社と日本合同真珠株式会社

日本養殖真珠水産組合は、この規則により立ち直りを図り、さらに同十一月には組合の統制機関として「真珠の販売の統制、其の他之に附帯する業務を営み、真珠の声価の維持向上を図り、……輸出の振興を期するを以て目的とす」（定款第二条）る「日本真珠販売統制株式会社」を設立した。

しかしヨーロッパの戦線は拡大され、そのうえわが国は、昭和十六年（一九四一）七月にイギリス・カナダ・アメリカの資産凍結令にあい、さらに十二月八日にはついに太平洋戦争に突入したため、欧米への輸出は完全に止まった。そこで組合は、翌十七年に企業整備要綱を作製・決議して、自ら解散するとともに、前記の販売統制会社を改組して、業者の大半を整備し、さらに施術作業の休止などを通じて養殖・加工・販売を一元化した「日本合同真珠株式会社」を設立した。

これから終戦まで、真珠養殖および加工業者の苦難の道はつづくのである。この間、養業殖者は御木本の発案といわれる、養殖筏（いかだ）を使っての食肉貝養殖と薬用ケシ玉真珠養殖によって、細々と事業をつづけた。御木本も昭和十五年には、各地の養殖場を閉鎖、または縮小している。

真珠を軍需品とした御木本

ところが、この戦時下の苦難を、御木本は見事に乗りこえている。幸吉は古くから薬用としてケシ玉真珠が用いられているのにヒントを得て、昭和十七年(一九四二)に岩狭与三郎博士に研究を依頼し、それが完成すると同年四月に「コンキオリン蛋白質含有コロイド性燐酸カルシウムの製法」の特許を出願した(発明人　岩狭与三郎博士、出願人　御木本幸吉・高岡斎博士)。

御木本製薬の前身

そこで、翌十八年にこの特許が許可されると、これをもとに同一月、三重県四日市市郊外の伊勢薬業株式会社を買収し、本社を鳥羽町三六七に移転した。これが現在の御木本製薬会社の前身である。ところが製品が海軍病院の結核療養剤として採用されたため、戦時下、奢侈品と考えられていた真珠を、彼は見事に軍需品に転換させたわけである。

なお設立当初の従業員は技師六名、女子工員約四〇名であり、海軍からの注文が一五トンに対して、生産はわずか七－八トンにすぎず、各海軍病院への発送分配に苦心したほどである。しかし戦後は粉末だけでなく錠剤、さらにホルモン剤・ビタミン剤を加えた栄養剤も製造、また幼児用ビスケットへの混入剤、さらに現在では化粧品まで製造するほどに発展している。

御木本真珠店は営業をつづける

御木本細工工場は技術保存のため営業を許可される

また、前述の昭和十五年の「奢侈品等製造販売制限規則」と戦争の拡大が、わが国貴金属業界に大きな影響を与えたのはいうまでもない。ほとんどの貴金属加工工場は、全面的に閉鎖・整備されるか、軍需工場に転用されるかであった。しかし、その中で御木本真珠店と御木本貴金属細工工場だけは、縮小されたとはいえ、真珠店は外人向許可製品販売店に指定されて営業をつづけ、昭和十六年（一九四一）には外国人接待の功により、国際観光協会より表彰をうけ、さらに三笠宮御成婚用冠および胸飾の注文さえ受けている。

また細工工場の方も、技術者は十数名に縮小されたが、技術保存のため「日本美術及び工芸統制協会」（昭和十八年五月創立）より、許可製品として金・銀・プラチナの製作を許可されただけでなく、さらに造幣局の下請工場として、いわゆる産業戦士におくる勤労顕功章の製作にも当たった。

いずれも、幸吉が築きあげた商人としての信用と、彼が育てた技術が認められた結果である。しかし銀座四丁目の真珠店は、昭和二十年（一九四五）四月の東京空襲により焼失したため、同六丁目の黒沢ビル内に店舗を仮設した。また細工工場は、昭和十七年（一九四二）に米軍機の空襲がはじまると（この年四月十八日、本土初空襲）、五月に内幸町より上目黒三丁目に、名称も御木本目黒工場と改めて移転したが、二十年（一九四五）五月二十六日の東京大空襲によって焼失した。

## 二　終戦と御木本

戦争は装飾品・奢侈品である真珠を扱う業者にとって、致命的なものであった。前掲「問答有用」で幸吉は「戦争があったら、おれの商売は損するしね」といっている。

彼はこの戦争で養殖場のほとんどと、海外の支店も閉鎖し、また銀座の本店、目黒の細工工場も戦災で失っている。ただ、前述のごとくカルシウム剤の製造のため、御木本製薬会社を設立し、真珠を軍需品にしているのはさすがである。

戦後の混乱の中で再び脚光をあびる

しかしやがて二十年八月十五日、苦しかった戦争も、敗戦という形であったが終った。軍需産業であった重化学工業を中心に、あらゆる産業が敗戦でいっぺんに混乱におちいったとき、逆に彼の事業はふたたび脚光をあびることとなった。

真珠は平和のシンボルである。しかも彼は戦前すでに、パール＝キング＝ミキモトの名を世界に売りこんでいた。真珠を人工で作った世界ではじめての男。彼は世界の伝説的人物の一人にさえなっていた。やがて、この世界的な人物に一目会おうと、多くの占領軍の将兵やその家族が、彼の養殖場（新多徳）を訪ねた。このことは彼にとって、またとないチャンスである。

**占領軍という新しい権威を迎える**

敗戦により、これまでのあらゆる権威は失われ、皇室の影まで薄くした。新しい権威、それは占領軍である。その存在と命令は絶対的なものであった。彼がはじめて占領軍将兵をむかえたとき、いちはやく養殖場の舟着場にアメリカの国旗を高だかと掲げたというが、その周到さがうかがえる。

また彼は、養殖場をおとずれる占領軍の上級将校はもちろん、兵士や黒人兵にいたるまで彼の方から握手を求め、愛嬌を振りまいている。時には九十歳という老軀で、得意の足芸を披露したり、若い兵士と一緒に泳いでみせたりした。

**御木本への見学将兵多く、制限令まででる**

こうして、ますます彼の養殖場をたずねる占領軍将兵や家族が増え、月に三〇〇〇人を越えるようになると、幸吉もその応接に疲れ、また終戦後再開された養殖場の作業能率も落ちてくるようになった。そこで彼は占領軍司令部に陳情して、見学制限令を発してもらい、養殖場見学は上級将校など特別者に限るとともに、それまでは一般に公開していなかった鳥羽湾内の相島（通称、真珠島）にモデル工場などを設けて、一般の見学者をここで接待することにした。これが整備・拡張されたのが現在の御木本真珠島である。

このため、司令部から中尉を長とする三名の軍人が鳥羽に派遣され、彼らの手で国鉄鳥羽駅で、英虞湾の御木本新多徳養殖場に行く将兵などを制限・阻止し、特別な者以外は真珠島に誘導させたほどである。また占領軍司令部のスペシャルサービス部は、とくに御木本の養殖場および真珠島を将兵の指定見学地としたため、日本政府の特別調達庁は、大型モーターボート「防長」（パール＝クインと改名）を御木本に提供した。

### 国際的な「活字と輪転機」の力を利用

ところで、こうして幸吉および彼の養殖場や真珠島を訪ねる将兵その他が増えると、彼らの口から直接・間接にパール＝キング＝ミキモトの話は、本国にも伝えられた。広告以上の宣伝である。もちろんアメリカ軍関係の新聞『星条旗』をはじめ、雑誌『ライフ』『リーダース＝ダイジェスト』なども、たびたびその「活字と輪転機」を使って、彼とその事業を報道した。

たとえば一九四九年（昭和二十四）三月の『リーダース＝ダイジェスト』は、「最も清く澄みきった光を放つ真珠の玉は注意深く保護せられ、しかもあくまでいやがりぬいている真珠貝から産み出されるということを彼は発見した。真珠王御木本、九十一歳にして今なおかくしゃくたる御木本幸吉翁は、日本にとって最も有用なる市民の一人である」と報じている。

占領時代、彼の養殖場を訪ねた代表的人物をあげると、マッカーサー元帥夫人・総司令部参謀長アルモンド中将・第八軍司令官アイケルパーカー中将・同ウォーカー中将などとその家族である。

終戦直後の真珠輸出

ちなみにここで、戦後の真珠輸出状況にふれると、終戦と同時に真珠は、米軍中央購買所(C・P・O)への納入に限られ、二十三年(一九四八)七月までは円で支払われたが、同年八月からはドル決済となった。またC・P・O納入品中、買上げ除外品をアメリカに輸出する政府間貿易は、二十二年五月からはじまり、翌年九月までつづいた。そして、いわゆる民間貿易は、同年十二月の農林商工省令「真珠等の取引制限に関する件」の公布まで待たねばならなかった。

カーン博士の報告書

エジソンを感泣させた真珠の発明家御木本幸吉。そしてそれをトレード〃マークに世界の真珠王とよばれたミキモトは、占領軍将兵などにとって、魅力的な人物の一人であ

幸吉は国定教科書で教材となる

った。御木本をおとずれた彼らは、みな満足して帰った。

ところが皮肉なことに、同じ占領軍総司部の天然資源局のA＝R＝カーン博士の「レポート一二二号、日本における真珠養殖」(Pearl Calture in Japan, Report No. 122, 31 October 1949. by Dr. A. R. Cahn)という科学的な報告書（昭和二十四年発行）には、冒頭に「古代から多くの国の人たちが真珠を形成する理論を発展させて来た。だが、日本の科学者、主としてミセ（見瀬辰平）とニシカハ（西川藤吉）が商業的に使える真円真珠の養殖の、唯一のしっかりした理論を作りあげた……」と記しているが、この報告書には発明家としての御木本幸吉の名を見ることはできない。

A＝R＝カーン博士によって発表されたレポートNO. 122『日本における真珠養殖』1949

しかし、そんなことに関係なく、彼の発明家としてのトレード＝マークは生きていった。昭和二十二年（一九四七）に文部省から出された小学校の国定教科書『五年生国語』と『六年生理科』では、真珠の発明家として彼を紹介し、その業績をたたえている。いうまでもなく国定教科書は、国家の手で公けに発行した教科書である。国家が公式に、しかも義務教育の場で幸吉を発明家として評価し、その業績をたたえたのである。そのうえ、生存中の彼を教材にしたのである。

ところで生存中の幸吉が国定教科書の中で、はなばなしく発明家として評価されたこの年、彼のものといわれるほとんどの発明・特許の基礎をつくりながらも、その名を隠され、しかも釈然とせぬままに大正十三年（一九二四）御木本を退職した桑原乙吉は、宇治山田市岡本町の自宅で中風で倒れ、二年後の昭和二十四年（一九四九）七月に没している。

# 第十二　戦後の発展と真珠王の死

## 一　戦後の発展と会社組織へ

個人経営より会社組織へ

幸吉は昭和十九年（一九四四）末に、住居も鳥羽から新多徳の養殖場に移して、二十九年（一九五四）九月二十一日、九十六歳の生涯をとじるまで、ここから一歩も出ることなく、自ら経営の指揮と、とくに終戦後の占領軍将兵など来客の応接に当たった。

ところで終戦当時の養殖場はわずか多徳周辺、和具・立神および五ヶ所の一部にすぎず、また技術者も数名という戦前の彼の経営規模からみれば、微々たるものであった。しかし平和の回復と、占領軍将兵とその家族などによる口から口への宣伝および「活字と輪転機」の力による需要の増加、さらに昭和二十三年（一九四八）に真珠の販売・輸出の制限が解除されると、この年には御木本では約五〇万貝の施術作業を行なうようになった。

そこで幸吉は、新しい時代に沿うために経営の近代化を図って、創業以来、頑固に続

いちはやく各部門を復旧

新多徳養殖場，岡の上に幸吉が死ぬまで住んだ家が見える。

けてきた個人経営方式を会社組織に改めることとした。昭和二十四年（一九四九）二月十八日、資本金二〇〇〇万円で御木本真珠株式会社が設立され、初代社長には彼が就任した。ただしその大株主はほとんど同族で占め、創業以来の経営独占の方針はつらぬいた。さらに二十七年（一九五二）五月には、有限会社に改組し現在に至っている（昭和三十八年資本金六〇〇〇万円に増資）。

また養殖場も昭和二十六年（一九五一）九月には度会郡南島町方座に、戦後はじめて分場を開設した。さらに空襲で焼失した銀座の御木本店も、終戦の年、昭和二十年（一九四五）の十二月にはやくも、元の地に新築・開店した。また貴金属工場は、移転先の目黒工場は焼失したので、戦災をまぬがれた元の築地工場の建物を修理して再開した。

前述のごとく真珠の需要が増えると、アメリカ人バイヤーの来日によって、さらに輸出がのびて来た。とくに昭和二十五年（一九五〇）六月に朝鮮動乱の勃発があると、いわゆる特需ブームがおき急速に需要がのび、アメリカへの直接輸出がさかんとなり、真珠総販売量の九〇パーセントがアメリカに向けられた。

当時は日本経済はまだ乏しく、産業界はもちろん政府も外貨獲得に懸命であったが、ひとり真珠業界はアメリカへの輸出増加のため、外貨とくにドル獲得のホープであった。戦後はじめて会社組織となった御木本真珠店では、昭和二十六年（一九五一）には年間四〇〇〇万円近くの売上げをおさめてその基礎を固め、当時、占領軍の宿舎となっていた横浜のニューグランドホテル内にも、売店を開いた。

また翌二十七年には、これまで販売対象の重点を占領軍関係者および一般外国人においてきたが、ようやく国民所得も向上してきたので、日本人客にも販路を拡げることとし、六月には新宿伊勢丹デパート内に委託店を開設した。さらに翌二十八年には銀座の店舗も、鉄筋コンクリート三階建に改築した。なおこの年の御木本真珠店の売上げは、

真珠王にふさわしい最後

新多徳の養殖場で皇后陛下をお迎えする御木本翁（昭和29年4月9日）
彼はこの年の9月21日，この養殖場で96歳の生涯をとじた。

ついに一億円を突破し、その経営は順調に延びていった。

## 二　真珠王の死去

昭和二十六年（一九五一）一月には、貞明皇太后・皇后両陛下、秩父・高松・三笠の各妃殿下をはじめ、元皇族夫人から「御木本翁のいさをたたへて、寄貝祝」と題する歌を賜わり、さらに同年十一月には天皇陛下を、二十九年（一九五四）には皇后陛下・皇太子殿下を新多徳の養殖場におむかえする光栄に浴した。いずれも彼の業界につくした功績を、生存中に称えようというものである。一事業家で、皇室からこれほど篤

御木本幸吉が息を引きとったベッドと水晶の球

くもてなされた者が、ほかにあるであろうか。

しかし、その幸吉も二十九年（一九五四）九月二十一日、胆石病のために九十六歳の高齢をもって、その波乱にとんだ人生をとじた。最後の場所は、養殖場のある新多徳の自宅である。「真寿院殿玉誉辛道無二大居士」とは生前から親交のあった曹洞宗管長高階朧仙師が、彼におくった戒名であり、徹底した真珠商人として、世界に日本の養殖真珠とパール＝キング＝ミキモトの名を売った幸吉に、ふさわしいものである。

「痛い苦しいということを、最後までいいませんでしたが、痛いのを忘れるためでしょう、妙なひとり言をいっていました。耳輪はイヤリング、指輪はリング、首輪はネックレス、止金はクラスプなんて……」とは孫の御木本美隆元社長が語った、幸吉の最後の模様である。

また先年、筆者は新多徳を訪ね、養殖および加工場をはじめ、彼が息を引きとった部屋まで見る機会を得た。部屋は当時のままの模様で保存され、大きな木製ベッドには蒲団・枕はもちろん、かたわらには彼が最後まで使用したものであろう、吸い飲みまでおかれていた。

ところで、そのとき筆者の一番興味をひいたのは、枕もとにおかれた野球のボールをひとまわり小さくしたほどの大きさの水晶の球である。この球は最後まで、ベッドの中で握っていたもので、それはより大きな真珠を作る彼の夢を、あらわすものであったと聞かされた。

前述の幸吉の最後の言葉とともに、いかにも生涯を真珠にとりつかれた、真珠王にふさわしい話しである。

彼の死去に際しては、その功績に対して天皇・皇后両陛下より金一封を、またとくに正四位に叙し、勲一等瑞宝章が授けられた。

## 三　真珠島にいまも生きている真珠王

### 死んだらサイ銭をとる

「死んだらこんどは、神様になって弗(ドル)のおサイ銭を取ってやる」(「新平家今昔紀行」)とは吉川英治に、また「いまはすわっとっても、奈良の大仏やないが、お金が入ってくる」(「問答有用」)とは徳川夢声に、幸吉が語った言葉である。「奈良の大仏」とか「神様になっておサイ銭を取ってやる」とは、いかにも彼らしい放言であるが、これを単なる放言にすませず、有限会社御木本真珠島で実現させているから愉快である。

最近の観光ブームで伊勢志摩国立公園をおとずれる人は多い。「海女と真珠のパラダイス伊勢志摩国立公園は、自然のかもしだす崇高美にさやけく伊勢神宮を玄関とし……」とは、ある交通観光業者のパンフレットにある文句である。これによると「海女と真珠」の志摩の海が観光の奥座敷で、伊勢神宮はその玄関ということになる。しかしこのことは、観光業者の単なる宣伝文句だけでなく、つぎのように数字がそれをはっきり示している。

たとえば昭和四十四年度(一九六九)の伊勢神宮参拝者は、内宮が約三四六万余人、外宮が

鳥羽湾にある御木本真珠島（昭和44年撮影）

約二七四万余人である（神宮司庁調べ）のに対して、志摩の海への入口である鳥羽をおとずれる観光客は約三七四万人（鳥羽市役所観光課調べ）と、内宮参拝客を超えている。

ところで、この「海女と真珠」の海を目的の観光客、三七四万人の三分の一に当たる一二二万余人（うち外人が約五万人。御木本真珠島調べ）が、有限会社御木本真珠島に入場しているのである。この島はもと相島とよばれ、明治二十六年（一八九三）三十五歳の幸吉が妻うめと、はじめて養殖中の真珠貝の中から貝付半円真珠を発見したところである。のち昭和三年（一九二八）に全島を鳥羽町より買取り、特別の訪問客をむかえるために見学用の養殖設備を整えたが、前述のごとく戦後は占領軍将兵の見学地に改造した。

ところが、見学者が増えてくると彼はこれに目をつけ、昭和二十六年(一九五一)三月、資本金五〇〇万円で有限会社御木本真珠島を設立して、一般に公開したのである(のちたびたび増資して、昭和四十二年資本金二〇〇〇万円)。入場料を払って島に渡ると、まず目につくのは彼独特のスタイル、山高帽にマントを着て貞明皇太后より下賜された杖をつき、あたりをへいげいする幸吉の大きな銅像である。この銅像は、昭和二十八年(一九五三)十一月彼の長寿を祝って、真珠業者の出資一〇〇〇万円で建てられたもので、原型は長崎の平和像で有名な北村西望、鋳造は肉弾三勇士像で有名な菓子十平である。

有限会社御木本真珠島

約二万三〇〇〇平方メートルの島内には、うどん屋時代の「阿波幸」の建物が移されて「御木本幸吉記念館」と名付けられ、そこには彼の生涯と事業を説明する遺品や資料が陳列されている。入場券とともに配られる案内書には、彼が半円さらに真円真珠を発明し、また「世界の人々は御木本幸吉を真珠王と称し、その真珠をミキモトパールと高く評価……今日その名が養殖真珠の代名詞の様になっていることは、実に幸吉の……たえざる努力の結果……彼の輝しい生前の功績に対し政府より正四位勲一等を授与され…

……」と最大限の讃辞が書かれている。戦前の乃木邸・東郷邸やその神社を参観・参拝したのと同じ感を受ける。

このほか真珠の養殖と加工の過程を、順序よく実験して見せるモデル工場や、現在の養殖業には何の関係もない海女の実演までもそろえ、さらに興味深いのは御木本真珠の販売店まで設備されていることである。

### 真珠王幸吉の商魂ここに生きる

幸吉が「大仏・神さまになる」と放言したことが、ここ御木本真珠島に実現されているのである。真珠王御木本幸吉を一〇〇パーセント宣伝しながら、入場料というサイ銭を取り、女性の美の守神ミキモトパールというお守りまで売っている。死ぬ間際まで持ちつづけた真珠への執念、そして徹底した宣伝と商魂、それが幸吉の生涯であるが、その彼の商魂がこの島に彼の亡くなった現在も、見事に生きているのである。なお彼の死後、一三年たった昭和四十二年一月には、鳥羽市も彼に名誉市民の称号をおくっている。

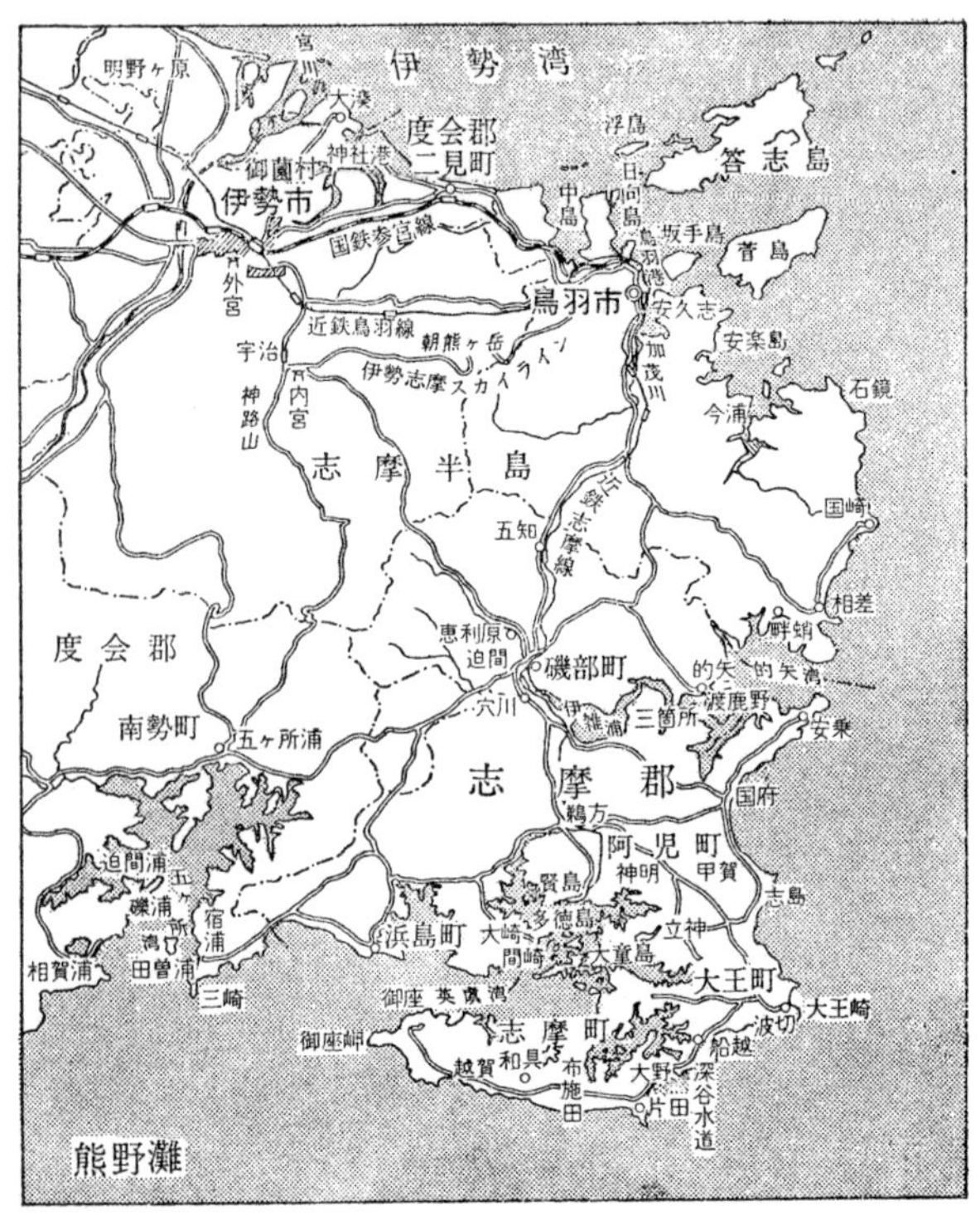
伊勢湾
明野ヶ原
大湊
度会郡
二見町
神社港
御薗村
伊勢市
浮島
答志島
中島
日向島
坂手島
菅島
鳥羽市
国鉄参宮線
外宮
近鉄鳥羽線
朝熊ヶ岳
伊勢志摩スカイライン
安久志
加茂川
安楽島
石鏡
宇治
内宮
神路山
今浦
志摩半島
国崎
五知
近鉄志摩線
相差
度会郡
恵利原
迫間
磯部町
畔蛸
的矢
的矢湾
穴川
伊雑浦
三箇所
渡鹿野
安乗
南勢町
五ヶ所浦
志摩郡
国府
鵜方
阿児町
神明
甲賀
賢島
志島
迫間浦
五ヶ所湾
礫浦
宿浦
浜島町
多徳島
立神
大崎
間崎
大童島
相賀浦
田曽浦
大王町
三崎
御座
英虞湾
大王崎
志摩町
波切
御座岬
和具
船越
越賀
布施田
大野
深谷水道
片田
熊野灘

志摩半島地図

# 略年譜

| 年次 | 西暦 | 年齢 | 事蹟 | 関係事項 |
|---|---|---|---|---|
| 安政五 | 一八五八 | 〇 | 一月二五日、志摩国鳥羽大里町に、父音吉・母もとの長男として出生○幼名、阿波屋吉松 | 日米修好通商条約○安政大獄はじまる |
| 慶応二 | 一八六六 | 八 | この年より、読み書きソロバンを学ぶ | |
| 三 | 一八六七 | 九 | この年、祖父吉蔵、八六歳にて死去 | 王政復古の大号令 |
| 明治二 | 一八六九 | 一一 | このころから、洋学者に読書を学ぶ | 明治天皇神宮御参拝（天皇神宮親拝のはじめ） |
| 四 | 一八七一 | 一三 | 家業のウドン屋を手伝いながら青物行商 | 廃藩置県 |
| 七 | 一八七四 | 一六 | このころ、友人と夜学会をつくり勉強 | |
| 八 | 一八七五 | 一七 | 英軍艦シルバー号の前で足芸を演じ、鶏卵・青物などを売りこむ | 太政官布告により海面官有 |
| 九 | 一八七六 | 一八 | 青物行商をやめ、米小売商を営む○父音吉、新しい粉挽機を改良発明 | 太政官達で海面使用は旧にもどる○伊勢暴動 |
| 一〇 | 一八七七 | 一九 | 一月、明治天皇海上を大和地方行幸の途中、暴風のため俄か | 内務省勧農局に水産係設置 |

| | | | | |
|---|---|---|---|---|
| 明治一一 | 一八七八 | 二〇 | に鳥羽に上陸行幸（吉松の住む大里町に仮行在所）<br>二月、家督を相続、御木本幸吉と改名○春、東京・横浜などを見学し、海産物の対清貿易に関心を抱く○帰途（五月）静岡県で人命救助、はじめて新聞に名前が出る | いわゆる三新法制定（郡区町村編成法・府県会規則・地方税規則） |
| 一二 | 一八七九 | 二一 | 大阪・神戸地方を見学旅行 | 郡役所・郡長をおく |
| 一三 | 一八八〇 | 二二 | 鳥羽町会議員に選ばれる○この年より海産物取引に従事し、やがて天然真珠取引に関心を持つ | 三重県会議員総辞職事件○勧農局水産課設置 |
| 一四 | 一八八一 | 二三 | 志摩国物産品評会委員・三重県勧業委員・鳥羽町学務委員となる○父音吉、粉挽機発明改良の功により県より表彰をうく○一〇月、元鳥羽藩士久米盛造長女うめ（一七歳）と結婚 | 鳥羽に近藤真琴の商船黌（東京）の分校開く○農務局水産課設置 |
| 一五 | 一八八二 | 二四 | 両親は宇治山田市に別居、ウドン屋を営む | 大日本水産会創設 |
| 一六 | 一八八三 | 二五 | 五月、父音吉死去（五四歳） | 『大日本水産会報』に「真珠介ノ説」の記載あり |
| 一七 | 一八八四 | 二六 | 三重県勧業諮問委員となる | 『大日本水産会報』に真珠の成因、中国における貝付真珠の養殖法の記載あり |
| 一八 | 一八八五 | 二七 | 三重県商法会議員となる | 水産局設置○このころ真珠の減産のため九州佐世保では八年間真珠採取禁止 |

| | | | | |
|---|---|---|---|---|
| 一九 | 一八八六 | 二八 | 志摩国海産物改良組合理事、さらに組長となる○このころより海外への直接貿易に強い関心を持つ | 漁業組合準則公布（農商務省令） |
| 二〇 | 一八八七 | 二九 | 英照皇太后、真珠御買上の際、真珠の鑑定を下命○このころより小川小太郎、志摩神明浦にて真珠貝養殖はじめる | 東京帝大三崎実験所において箕作博士ら真珠養殖の実験研究 |
| 二一 | 一八八八 | 三〇 | 六月、第二回全国水産品評会に組長として、イリコ・真珠を出品のため上京、大日本水産会幹事長柳楢悦に面会、真珠貝減産につき相談○八月、柳楢悦、幸吉宅を訪問、柳を神明浦に案内、小川小太郎に会わせ、視察をうける○九月、神明浦で真珠貝養殖を試み、一二月、稚貝養殖に一応成功 | この年水産局員三重県下で真珠貝養殖の講演あり |
| 二二 | 一八八九 | 三一 | この年、鳥羽湾内の相島の一部を所有す○小川小太郎死去（二四歳） | 帝国憲法発布○市町村制実施○志摩国真珠営業者同盟結成 |
| 二三 | 一八九〇 | 三二 | 四月、第三回内国博覧会（東京上野）に真珠と生きた真珠貝出品、柳の紹介で箕作佳吉博士に面会し、真珠の成因と養殖法の説明受ける○九月、神明浦に御木本真珠貝培養所開く○相島で半円真珠養殖の実験に入る | 第三回内国博覧会ではじめての電車運転○第一回帝国議会○柳楢悦貴族院議員となる |
| 二四 | 一八九一 | 三三 | この年、大日本水産会々頭小松宮彰仁親王より「養真珠」の親筆を下賜 | 幸吉の恩人柳楢悦（五九歳）死去○大津事件 |
| 二五 | 一八九二 | 三四 | 七月、東京帝大佐々木博士により英虞湾の調査をうける○一 | 衆議院総選挙に大干渉○北里 |

| 年号 | 西暦 | 年齢 | 事項 | 一般事項 |
|---|---|---|---|---|
| 明治二六 | 一八九三 | 三五 | 一月、赤潮発生、神明浦に養殖中の貝大被害 二月、新聞に幸吉の真珠貝養殖の記事がでる（郵便報知新聞など）○四月、はじめて世界博覧会に真珠貝出品、この月、長男隆三出生○七月、相島で実験中の貝より半円真珠はじめて出る○一〇月、英虞湾田徳島（のちに多徳島）に御木本養殖場創設（漁場六万坪神明村より借入れ） | 柴三郎伝染病研究所設立 富岡製糸所を三井に払い下げる |
| 二七 | 一八九四 | 三六 | 九月、半円真珠養殖法の特許出願○この年、シカゴ市コロンブス博覧会に真珠出品 | 日清戦争はじまる |
| 二九 | 一八九六 | 三八 | 一月、半円真珠の特許権（第二六七〇号）許可さる○これを機会にすべての兼業を止め、真珠養殖業に専念す○四月、妻うめ三二歳にて死去（一男・四女を残す）○六月、挿核は一日八〇〇～一〇〇〇個が可能となる | この年、企業勃興し好況なるも物価騰貴 |
| 三一 | 一八九八 | 四〇 | 四月、大日本水産会より功労章を受く○一二月、二八年に施術した養殖貝をはじめて引上げ、その半円真珠に養殖真珠の名をつけ、うち五個を明治天皇に献上○この年、ノールウェー博覧会に出品○歯科医師桑原乙吉が養殖場に出入し、御木本の実験研究をたすける | 政府は議会に漁業法案を提出○参宮鉄道鳥羽まで開通○前年よりの恐慌つづく |
| 三二 | 一八九九 | 四一 | 三月、新聞に御木本の真珠養殖成功の記事あるも、箕作・岸上・西川などの指導あることも明記○東京銀座裏の弥左衛門 | 三重県水産試験場を浜島に設置○鳥羽商船学校創立 |

| | | | | |
|---|---|---|---|---|
| | | | 町にはじめて御木本真珠店を開く○一〇月、曽禰農商務大臣、田徳島養殖場を視察、この時より多徳島と改める | |
| 三三 | 一九〇〇 | 四二 | 四月、半円真珠四二〇〇個、八四〇〇円を採取○一二月、小松宮、多徳島養殖場に臨場○この年、パリ博覧会に真珠出品 | この年、紡績業界恐慌状態、銀行危機全国化する○この年より見瀬辰平、志摩的矢湾で真円真珠の研究に入る |
| 三四 | 一九〇一 | 四三 | 三月、御木本真珠店を元数寄屋町に移転○一〇月、桂太郎総理大臣夫人の礼服用に真珠七〇～八〇個の注文あり。この年の御木本の生産は一万一〇〇〇個 | 大森房吉地震計を発明○高峰譲吉アドレナリン創製 |
| 三五 | 一九〇二 | 四四 | 四月、小松宮御渡英に際し、御土産品として御木本より真珠御買上○五月、桑原乙吉、正式に御木本に勤務し、真円真珠の研究に入る○六月、特許第五五四二号許可さる。この年、ロシア博覧会に真珠出品○漁業法施行にもとづき鵜方・神明・浜島各村の海面六〇万坪を借入れ、漁場拡張○この年の施術貝は一〇〇万個 | 日英同盟調印○漁業法施行○三重県漁業取締規則○この年紡績業不況、各産業に企業合同盛ん |
| 三六 | 一九〇三 | 四五 | 四月、米国漁業家・銀行家などはじめて多徳養殖場見学○一一月、次女みね（一九歳）を真珠研究家水産局技師、西川藤吉理学士と結婚させる○この年、第五回内国勧業博覧会（大阪）に真珠を用いた金細工製品出品○御木本真珠店銀座四丁 | 六月、見瀬辰平、的矢湾で真円真珠養殖法の研究を一応成功さす○この年、対ロシア強硬論者の運動盛ん |

| 年号 | 西暦 | 年齢 | 事項 | 一般事項 |
|---|---|---|---|---|
| 明治三七 | 一九〇四 | 四六 | 目に進出○芝区三田の市川源次郎金細工場を御木本の下請工場とし、京橋区築地に移転<br>この年、内外諸大学教授など多徳島養殖場に来る○セントルイス博覧会に出品○ニューヨーク＝ヘラルド新聞一頁にわたり御木本養殖場の状況を報道す○桑原は御木本において外套膜式による真円真珠養殖法実験的に成功○この年の御木本の生産は、一万三五〇〇個、九万八三〇〇円 | 日露戦争はじまる |
| 三八 | 一九〇五 | 四七 | 一月、英虞湾に赤潮三ヵ月におよび、御木本八五万個の養殖貝被害。ただしこの被害貝の中より桑原の実験による大粒真円真珠五個発見、この被害調査のため西川技師派遣されて来たが、これを機に御木本に勤務○この年、米ポートランド博覧会出品○ベルギー＝リエージュ博覧会に出品し名誉賞牌うける○米国商況視察のため実弟斎藤信吉を一年間派遣○一一月、宇治山田行在所において明治天皇に拝謁し、真円真珠完成の確信を言上○一二月、漁場をさらに立神村海面五五万坪に拡張○この年から、長束七郎・北村重吉が南海村で御木本とほとんど同方法で半円真珠養殖はじめる | ポーツマス条約調印○見瀬辰平は真円真珠養殖法の特許出願するも、その方法、公知・公用として却下さる |
| 三九 | 一九〇六 | 四八 | 六月、緑綬褒賞を受く○この年、ミラノ博覧会に出品○北村幸一郎も御木本と同方法で半円真珠養殖はじめる。このため | 鉄道国有法公布○宇治山田市制施行 |

| 年号 | 西暦 | 年齢 | 事項 | 参考事項 |
| --- | --- | --- | --- | --- |
| 四〇 | 一九〇七 | 四九 | 御木本は長束、北村ら三名を特許権侵害刑事々件として告訴<br>四月、市川工場を買収し御木本金細工工場とする○九月、赤潮発生、多徳島養殖貝大被害のため東京などの私宅を売払う○この年、女婿西川藤吉、真円真珠養殖法に関する一連の特許出願、見瀬出願中の特許の一部と抵触問題おきる○東京勧業博覧会に真珠加工品出品 | この年はじめ、景気くずれ恐慌となる○五月、見瀬辰平、真円真珠の「人工形成法」特許出願○六月、見瀬、原理と組合わせた器具特許出願、翌七月許可さる（特許第一二五九八号） |
| 四一 | 一九〇八 | 五〇 | 二月、桑原の研究にもとづく方法（三八年式）の真円真珠特許第一三六七三号、御木本の名儀で許可さる○女婿西川御木本を去り、単独で真円真珠研究、このとき垂下式養殖法試験的に採用○六月、御木本金細工工場を麹町区内幸町に移転拡張○七月、五ヶ所浦養殖場（二二〇万坪）借入れ、五〇万個の貝を放養す○九月、特許第一五〇〇二号許可さる○この年、モスクワ万国装飾美術工芸博覧会に出品○海外事情調査のため小林力弥を欧米に派遣○雑誌『商業界』に、御木本真珠店は銀座第一流の店舗と評せらる。本拠多徳養殖場従業員二〇〇名をこえる | この年、アメリカの恐慌もあり不況深刻化○九月、西川・見瀬の特許抵触問題、見瀬の譲歩で解決し、この契約書から特許使用権につき御木本は除外される |
| 四二 | 一九〇九 | 五一 | 二月、特許第一五六一二号許可さる○三月、冷潮のため多徳 | 高峰譲吉タカジアスターゼ創 |

| | | | | |
|---|---|---|---|---|
| | | | 養殖場被害あり○四月、特許第一六〇六四号許可さる○五月、第四回特許大会に於て高峰譲吉・豊田佐吉ら一四名とともに発明功労者として表彰さる○六月、女婿西川藤吉東京の自宅で死去（三五歳）○この年、シアトル市太平洋大博覧会に出品○桑原乙吉は西川の死とともに意欲をなくし御木本を去る | 製○秦佐八郎サルバルサン創製○特許法改正 |
| 明治四三 | 一九一〇 | 五二 | 一月、五ヶ所養殖場に請願巡査をおく○四月、特許第一七九九六号許可さる○七月、東京高等工業学校教員小林豊造を金細工工場長にむかえ欧米に派遣、洋風技術を導入○一二月、半円真珠特許（第二六七〇号）一〇ヵ年延期許可○この年、大英博覧会・チリー博覧会に出品○半円真珠約三〇〇万個養殖 | 改正漁業法○日韓合併○鈴木梅太郎オリザニンを創製○二月、全国真珠業者により反御木本派結成され、御木本特許一〇ヵ年延期反対運動おこる |
| 四四 | 一九一一 | 五三 | 五月、養殖真珠採取実況を二見浦で昭憲皇后の御覧に供す○この年、五ヶ所養殖場に赤潮大被害○ロンドンに卸売支店開く（御木本海外支店のはじまり）○イタリーのトリノ博覧会出品○一一月、御木本より告訴された長東・北村ら三名に対し第一審判決、三ヵ月懲役、これに対し三名は名古屋控訴院に控訴 | 工場法公布 |
| 四五 | 一九一二 | 五四 | 六月、前記三名の刑事々件、御木本特許のほとんどは公知・公用であるとして名古屋控訴院で無罪判決、検事控訴により | 七月三〇日、明治天皇崩御、皇太子嘉仁親王践祚し、大正と |

| | | | | |
|---|---|---|---|---|
| 大正一 | 一九一二 | 五四 | 大審院へ<br>一一月、大審院で三名の無罪確定、これにより御木本の半円真珠特許は事実上無効となり、これ以後、真珠養殖業の営業の自由は確立される○この年の御木本真珠店の売上、三五万五〇〇〇円 | 改元 |
| 二 | 一九一三 | 五五 | 三月、特許第二三六八七号許可さる○九月、特許第二四五二五号許可さる○一一月、特許第二四九一七号許可さる○この年、金細工工場を御木本貴金属工場と改める○大阪に真珠支店開く○御木本真珠店売上四一万三五〇〇円 | |
| 三 | 一九一四 | 五六 | 四月、特許第二五七五七号（真珠養殖籠）許可さる。このころより養殖金網籠使用はじまる○七月、桑原乙吉御木本に復帰、五ヶ所養殖場で全巻式の試験着手、九月に実験成功○一二月、特許第二七〇七四号許可さる | 第一次世界大戦はじまる。対独宣戦布告 |
| 四 | 一九一五 | 五七 | この年、貴金属工場で皇室第一公式用冠製作○サンフランシスコ博覧会出品○桑原の全巻式養殖法の事業化の見通しつく | 大正天皇即位式○北里研究所設立○株式市場大暴騰○この年より四ヵ年出超、大戦景気○西川の遺志をつぐ藤田輔世が西川式養殖法で一七〇個の真円真珠養殖成功 |

| 年号 | 西暦 | 年齢 | 事項 | 一般事項 |
| --- | --- | --- | --- | --- |
| 五 | 一九一六 | 五八 | 五月、特許第二九四〇九号許可さる○一〇月、幸吉中国視察旅行に出る。この時上海支店開く | 裕仁親王立太子式○この年西川特許（四件）許可さる。出願より九年目 |
| 大正六 | 一九一七 | 五九 | この年、再び皇室第一公式用冠製作○沖縄八重山・度会郡島津村方座に各養殖場開く○幸吉母もと八二歳で死去 | 理化学研究所設立○本多光太郎KS鋼を発明○金輸出禁止 |
| 七 | 一九一八 | 六〇 | 五月、米飛行士アート＝スミスを多徳島によび高等飛行をさせる○同月、桑原の研究にもとづく全巻式真円真珠養殖法を御木本名儀で特許出願○一一月、五ヶ所養殖場で全巻式施術貝第一回採取、好成績 | シベリア出兵○米騒動おこる○第一次大戦おわる○物価暴落○このころ、養殖真円真珠はじめて市場にて商品化される |
| 八 | 一九一九 | 六一 | 一月、特許第三三六四〇号許可さる○四月、特許第三四一三八号（全巻式）許可さる○この年、浜島町大崎（新多徳）養殖場開き、桑原が全巻式を指導○南牟婁郡北輪内三木浦に養殖場開く○港区三田豊岡町に貴金属第二工場開く○養殖真円真珠をはじめてロンドン市場に売出す | パリ講和条約○野口英世黄熱病原体発見 |
| 九 | 一九二〇 | 六二 | 二月、幸吉、多徳郵便局長となる○七月、特許第三六七〇〇号（真珠介海底活籠）許可○この年、長崎県大村湾および度会郡古和養殖場開く | 日本最初のメーデー○国際連盟成立○戦後恐慌本格化○見瀬辰平特許三七七四六号許可さる |

| | | | | |
|---|---|---|---|---|
| 一〇 | 一九二一 | 六三 | 四月、銀座本店隣に御木本装身具店開く○五月、ロンドンとパリにおいて宝石商より、新聞を通じて養殖真円真珠は模造品なりと宣伝される。しかし学者によりその質的価値を認められる○一一月、特許第四〇五八四号許可さる○この年、和歌山県田辺・北牟婁郡引本・度会郡神前にそれぞれ養殖場開く○翌年春にかけて冷潮により英虞湾内の養殖貝大量被害 | 帝国水産会・三重県水産会設立○ワシントン会議○尾崎行雄ら普選断行同盟結成 |
| 一一 | 一九二二 | 六四 | 三月、特許第四二〇一〇号許可さる○一〇月、帝国ホテル内に真珠小売店開く○この年、内務省より、貴金属工場は模範工場として表彰される | 軍縮問題○日本農民組合結成○全国水平社創立○日本共産党創立○猪野秀三、「卵抜き法」により大粒真珠養成に成功 |
| 一二 | 一九二三 | 六五 | 三月、パラオ島に養殖場開く○四月、紺綬褒賞を受く○五月、特許第四五四二一号許可さる○八月、志摩郡鵜方村にて対御木本漁業権奪回のための運動おこる(昭和五年、鵜方村の妥協で解決)○九月、関東大震災により銀座本店および装身具店焼失○一二月、焼失地に仮店舗新築○この年、貴金属工場を御木本真珠工場と改名○東宮殿下(現天皇)御成婚用冠と胸飾製作 | 婦人参政権獲得同盟成立○関東大震災 |
| 一三 | 一九二四 | 六六 | 一月、宮内省御用達となる○銀座仮店舗を本建築○四月、特許第六〇三一二号許可さる○五月、いわゆるパリ真珠裁判事 | 皇太子御成婚式○憲政擁護国民大会○小作調停法公布○見 |

| 年号 | 西暦 | 年齢 | 事項 | 一般事項 |
|---|---|---|---|---|
| | | | 件の判決あり。これ以後養殖真円真珠に養殖の名を付記する必要なきことときめらる○八月、桑原乙吉はかずかずの功績を残しながら御木本を去る○一一月、多額納税貴族院議員に勅選さる○この年、ロンドンに小売部を設け、卸売部もこれに移す | 瀬辰平死去 |
| 大正一四 | 一九二五 | 六七 | 六月、志摩郡立神村に対御木本漁業権奪回運動おこり、徹底した結束と戦術ではげしく闘う○一二月、三重県知事立神村の要求の九〇パーセントを認めて対御木本闘争おわる○この年、御木本を除く業者により日本真珠養殖組合結成○翌年の春にかけて英虞湾冷潮により大被害をうけ、御木本全作業を五ヶ所養殖場に集中 | 農商務省を廃し、農林省・商工省設置○治安維持法公布○普通選挙法公布○松阪市で県下はじめてのメーデー |
| 一五<br>昭和一 | 一九二六 | 六八 | 一月、フィラデルフィア米独立一五〇年記念博覧会に真珠の五重塔出品○五月、帝国発明協会より御木本養殖真珠調査報告書発表さる（前年協会長などの視察あり）○九月、同協会より恩賜記念賞および名誉大賞牌うける○一〇月、欧米視察旅行に出発し翌年七月帰朝○この年、鳥羽にネックレス加工作業場開く○石川県七尾養殖場開く | 一二月二五日大正天皇崩御、摂政裕仁親王践祚し、昭和と改元○三重県地方において冷害をさけるため養殖貝の避寒はじまる |
| 二 | 一九二七 | 六九 | 二月、トマス＝エジソンと会見○一〇月、勲四等瑞宝賞を授けらる○この年、ニューヨーク支店開設 | 大正天皇御大葬○金融恐慌 |

| | | | | |
|---|---|---|---|---|
| 三 | 一九二八 | 七〇 | 一月、帝国発明協会長より頌功辞を贈らる○この年、ロンドンのリーゼント街に小売店開設○秩父宮御成婚用冠と胸飾の御用命○相島全島を鳥羽町より買取る(のちの御木本真珠島)○大日本真珠組合設立(組長、幸吉実弟斎藤信吉) | 第一回普通選挙○御即位大礼○治安維持法改悪 |
| 四 | 一九二九 | 七一 | 三月、相島に見学用養殖設備整え、米元大統領ウィルソン夫人をむかえる○この年、パリ支店開設 | 世界恐慌はじまる |
| 五 | 一九三〇 | 七二 | 一二月、鈴木梅太郎・本多光太郎ら一〇名とともに発明家優遇のため天皇より賜餐を受く○この年、ボンベイ支店開設○高松宮御成婚用冠と胸飾の御用命○アメリカ不況により御木本の売上四分の一となる | 恐慌深刻化し失業者続出○日本真珠仲買組合結成 |
| 六 | 一九三一 | 七三 | 二月、冷潮のため英虞湾・五ヶ所湾養殖場ともに被害○三月、米実業家フォード夫妻を相島にむかえる(これより毎年のごとく外国大公使・学者・新聞記者など来場)○八月、特許第九二四〇〇号・第九二四〇一号許可さる○この年、はじめて女子核入工員を採用(二八名)○ロスアンゼルス支店開設 | 満州事変はじまる○金輸出を再び禁止○西川式特許五年間延期許可 |
| 七 | 一九三二 | 七四 | この年、大日本真珠組合解散し、日本養殖真珠水産組合設立、組長御木本幸吉 | 満州国建国○五・一五事件 |
| 八 | 一九三三 | 七五 | 三月、特許第一〇〇三三〇号許可○七月、神戸商工会議所前で幸吉みずから粗悪真珠を焼却し、良品販売の模範を示す○ | このころ、真珠業者乱立し粗悪真珠が流出○改正漁業法制 |

| | | | | |
|---|---|---|---|---|
| | | | 八月、多徳島に御木本総合真珠研究所開所す○一一月、奈良ホテルでマルコニーと会見○この年、前年設立の組合の統制をやぶる業者多く、幸吉は組長を辞任○シカゴ博覧会出品○シカゴ支店開設 | 定○国際連盟脱退○米穀統制法公布○皇太子誕生 |
| 昭和九 | 一九三四 | 七六 | この年、長男隆三が前記組合の組長となる | 室戸台風○西川式特許団結成○輸出水産物検査規則公布 |
| 一〇 | 一九三五 | 七七 | 九月、特許第一一二五一号許可○一一月、銀座本店隣に御木本ネックレース店開設○この年、五ヶ所養殖場縮小のため紛争はじまる○日本養殖真珠水産組合運営困難となる | ソシアルダンピングはじまる○真珠業界不況○湯川秀樹、中間子理論発表 |
| 一一 | 一九三六 | 七八 | 三月、七尾湾養殖場に冷潮被害あり○五月、特許第一一五六四二号・第一一五六四三号・第一一五六六七号許可○この年、秩父宮・同妃、英国王戴冠式御出席用の冠と胸飾の御用命○真珠島（相島）において真珠供養祭を盛大に行なう | 二・二六事件○日独防共協定○西川式特許期間満了 |
| 一二 | 一九三七 | 七九 | 一月、郵便局長在勤二〇年につき従七位に叙せらる○三月、特許第一一九五四七号許可○六月、皇太后（貞明）陛下鳥羽御木本邸に行啓、真珠島見学○この年、五ヶ所養殖場閉鎖 | 日中戦争おこる○日独伊三国防共協定 |
| 一三 | 一九三八 | 八〇 | 七月、業者乱立粗悪真珠流出のため市価暴落○英虞湾沿岸各村長・組合長など三重県庁に陳情書提出。このため治安上の問題として特高警察実態調査を行なう○九月、日本養殖真珠 | 軍需工業動員法発動○国家総動員法公布○産業報国連盟成立 |

| | | | 水産組合は営業許可制を陳情〇一〇月、幸吉、真珠母貝水産組合長となる〇この年、五ヶ所養殖場設備を多徳および新多徳に移す | |
|---|---|---|---|---|
| 一四 | 一九三九 | 八一 | この年、真珠で作った自由の鐘を米ニューヨーク世界博覧会に出品 | 米穀配給統制法実施〇ノモンハン事件〇国民徴用令公布〇価格等統制令公布 |
| 一五 | 一九四〇 | 八二 | 一〇月、真珠養殖事業禁止され、各養殖場閉鎖および縮小、所蔵真珠全部封鎖さる〇この年、御木本真珠店は外人向許可製品販売店に指定され営業をつづける | 米穀強制出荷命令〇奢侈品製造販売制限規則公布（七・七禁令）〇真珠養殖業許可規則公布〇日本真珠販売統制株式会社創立 |
| 一六 | 一九四一 | 八三 | 一一月、皇太后陛下より慰労の思召をもって杖を下賜さる〇この年、三笠宮御成婚用冠と胸飾の御用命 | 太平洋戦争はじまる |
| 一七 | 一九四二 | 八四 | この年、空襲をさけ、細工工場を目黒区上目黒に移転、御木本目黒工場と名付ける〇真珠の薬品化を図り特許出願（発明人岩狭与三郎） | 米空軍日本本土初空襲〇日本合同真珠株式会社設立〇米軍ガダルカナル島に上陸 |
| 一八 | 一九四三 | 八五 | この年、前記出願特許許可さる〇伊勢薬業株式会社を買収し本社を鳥羽に移転、製品を海軍病院に納入〇細工工場は、日本美術及び工芸統制協会より、技術保持のため、製作を許可 | アッツ島守備隊全滅〇タラワ・マキン島守備隊全滅〇イタリア降伏 |

| | | | | |
|---|---|---|---|---|
| 昭和一九 | 一九四四 | 八六 | された。また造幣局の下請工場ともなる<br>この年、鳥羽の御木本宅と工場は軍用となり、幸吉は新多徳に移住 | サイパン島日本軍全滅○ビルマ方面日本軍全滅○サイパンより日本への空襲はじまる |
| 二〇 | 一九四五 | 八七 | 四月、東京大空襲により、銀座本店焼失し、黒沢ビルに仮店舗。目黒工場も焼失○八月、終戦と同時に約一〇名で核入れ作業開始○この年、伊勢薬業を御木本製薬株式会社と改名 | 硫黄島日本軍全滅○沖縄日本軍全滅○広島・長崎に原爆投下○終戦 |
| 二一 | 一九四六 | 八八 | 一月、八八歳を記念し、五〇万円を伊勢神宮へ、五〇万円を参宮道路改修費として宇治山田市に寄付○この年、細工工場を京橋区築地に再開したが、やがて下目黒に本工場を移し、築地を分工場とす。米軍中央購買所（C・P・O）と指定契約結ぶ | 天皇の神格否定宣言○公職追放はじまる○物価統制令○日本国憲法公布○連合軍指令により真珠の一般販売を禁止○G・H・Qは日本合同真珠在庫真珠を接収し、六商社を指定しC・P・Oへ一括納入命令 |
| 二二 | 一九四七 | 八九 | 三月、国定教科書小学校五年国語・六年理科に幸吉の事績が教材としてのる | 独占禁止法公布○制限付民間貿易許可 |
| 二三 | 一九四八 | 九〇 | この年より、連合軍将兵、幸吉を訪ね養殖場見学多くなる | 極東裁判おわる○ドル支払いを条件とした登録業者にのみ真珠の国内外取引許可 |

| | | | | |
|---|---|---|---|---|
| 二四 | 一九四九 | 九一 | 二月、はじめて法人組織をとり御木本真珠株式会社創立、幸吉初代社長となる。真珠店も法人組織とし、社長は孫美隆就任○この年、このころアメリカの新聞・雑誌にさかんに幸吉とその養殖場の記事が載る。G・H・Q天然資源局カーン博士のレポート『日本における真珠養殖』発行 | 一ドル三六〇円の単一為替レート実施○この年安定恐慌現出する○真円真珠研究家桑原乙吉死去○真珠の取引の一切の制限撤廃さる |
| 二五 | 一九五〇 | 九二 | 五月、駐日米軍司令官ウォーカー中将夫妻をむかえ御木本真珠島を再開 | 朝鮮動乱はじまる○日本真珠輸出加工組合設立○漁業制度改革実施 |
| 二六 | 一九五一 | 九三 | 九月、方座養殖場再開○一一月、天皇陛下御木本養殖場に行幸○この年、有限会社御木本真珠島創立(資本金五〇〇万円)横浜ニューグランドホテル（米軍宿舎）内に売店を開く○旧多徳島の一部を国立真珠研究所設立のため水産局に寄付 | サンフランシスコ講和条約・日米安保条約調印 |
| 二七 | 一九五二 | 九四 | 五月、株式会社を改組し御木本真珠有限会社設立○六月、日本人客のため新宿伊勢丹デパートに進出○この年、御木本真珠島にモデル工場新築 | 真珠市価急落○真珠養殖事業法公布○真珠検査所設立○皇太子立太子礼 |
| 二八 | 一九五三 | 九五 | この年、皇太子殿下、神宮御参拝ののち御木本養殖場・真珠島に御来場○御木本真珠店を鉄筋コンクリート三階建に改築○神戸出張所開設○真珠島に御木本幸吉翁寿像建立 | 朝鮮休戦協定○台風一三号○北村幸一郎死去 |
| 二九 | 一九五四 | 九六 | 皇后陛下新多徳に行啓○九月二一日、数年来の持病タン石と | 日本真珠輸出組合設立。翌三 |

老衰のため、新多徳の自宅で死去。両陛下より金一封・正四位勲一等瑞宝章を賜わる

（死後、昭和四二年、鳥羽名誉市民となる）

○年国立真珠研究所設立

# 主要参考文献


乙竹岩造著『御木本幸吉』 昭和二三年 培風館

乙竹岩造著『伝記御木本幸吉』 昭和二五年 講談社

加藤龍一著『真珠王御木本幸吉』 昭和二五年 真珠王刊行会

御木本隆三著『御木本幸吉』 昭和三六年 時事通信社

永井龍男著『幸吉八方ころがし』 昭和三八年 筑摩書房

横浜礼吉著『御木本真珠発明七十五周年』 昭和四三年 御木本真珠店

三重県水産試験場編『三重県水産試験場事業成蹟』第一巻 明治三八年 三重県水産試験場

石井研堂著『明治事物起原』 明治四一年 橋南堂

大西杜象編著『立神漁業組合真珠介区劃漁業権獲得史』 昭和一〇年 立神漁業組合

生野稔編『西川〓吉博士追想録』 昭和二六年 西川博士記念出版会

三重県立水産高等学校編『真珠養殖入門』 昭和三四年 いさな書房

水産研究会編『真珠養殖業の生産構造(2)』　昭和三六年　日本真珠振興会

大林日出雄著『三重県地方史研究備要・近代の研究』　昭和三六年　三重県学校生活協同組合

富沢有為男著『雷帝堤康次郎』　昭和三七年　アルプス社

加藤鉄彦編『真珠ハンドブック』　昭和三九年　真珠新聞社

同全書編集委員会編『真珠養殖全書』　昭和四〇年　全国真珠養殖漁業組合連合会

Dr. A. R. Cahn『PEARL CULTURE IN JAPAN』　1949 G. H. Q. NATURAL RESOURCHES SECTION

『水産増殖』(第三巻四号、真珠特集号)　昭和三二年　水産増殖談話会

水産庁編『水産時報』(特集号、真珠)　昭和三三年　農林協会

丹下孚稿「真珠養殖業における技術の構造上・下」(『漁業経済研究』八巻四号・九巻一号)　昭和三五年　漁業経済学会

大林日出雄稿「真珠養殖業創設期の諸問題」(『地方史研究第五十六・七合併号』『東海地方史の展開』)　昭和三七年　地方史研究協議会

中山泰昌編著『新聞集成・明治編年史』(一～十五巻)　昭和九年　財政経済学会

## 著者略歴

大正八年生れ
昭和十八年法政大学法文学部政経学科卒業
日本光学株式会社社員、三重県立津工業高校教諭、同津女子高校教諭、三重大学・三重短期大学講師等を経て
現在　三重県史編纂専門委員、津市文化財保護委員

主要著書
三重県地方史研究備要(近代)　伊勢片田村史〈編〉三重県部落史料集〈編〉角川日本地名大辞典(三重県)〈編〉松阪市史第十五〈編〉三重県史(資料編　近代Ⅳ)


人物叢書　新装版

# 御木本幸吉

昭和四十六年五月二十五日　第一版第一刷発行
昭和六十三年四月　一日　新装版第一刷発行
平成　九　年五月　一日　新装版第二刷発行

著　者　大林日出雄（おおばやしひでお）
編集者　日本歴史学会
代表者　児玉幸多
発行者　吉川圭三
発行所　株式会社 吉川弘文館
東京都文京区本郷七丁目二番八号
郵便番号一一三
電話〇三—三八一三—九一五一〈代表〉
振替口座〇〇一〇〇—五—二四四
印刷＝平文社　製本＝ナショナル製本

# 『人物叢書』(新装版)刊行のことば

人物叢書は、個人が埋没された歴史書が盛行した時代に、「歴史を動かすものは人間である。個人の伝記が明らかにされないで、歴史の叙述は完全であり得ない」という信念のもとに、専門学者に執筆を依頼し、日本歴史学会が編集し、吉川弘文館が刊行した一大伝記集である。

幸いに読書界の支持を得て、百冊刊行の折には菊池寛賞を授けられる栄誉に浴した。

しかし発行以来すでに四半世紀を経過し、長期品切れ本が増加し、読書界の要望にそい得ない状態にもなったので、この際既刊本の体裁を一新して再編成し、定期的に配本できるような方策をとることにした。既刊本は一八四冊であるが、まだ未刊である重要人物の伝記についても鋭意刊行を進める方針であり、その体裁も新形式をとることとした。

こうして刊行当初の精神に思いを致し、人物叢書を蘇らせようとするのが、今回の企図である。大方のご支援を得ることができれば幸せである。

昭和六十年五月

日本歴史学会

代表者 坂本太郎

〈オンデマンド版〉
御木本幸吉

人物叢書　新装版

2020年（令和2）11月1日　発行

著　者　大林日出雄（おおばやしひでお）
編集者　日本歴史学会
代表者　藤田　覚
発行者　吉川道郎
発行所　株式会社　吉川弘文館
〒113-0033　東京都文京区本郷7丁目2番8号
TEL　03-3813-9151〈代表〉
URL　http://www.yoshikawa-k.co.jp/
印刷・製本　大日本印刷株式会社

大林　日出雄（1919～2004）

ISBN978-4-642-75114-8